新たなコミュニティの創造

グローバル化社会のなかで

佐藤瑠美 著

新たなコミュニティの創造　グローバル化社会のなかで／目　次

目次

目　次

はじめに

私は、北海道で生まれ育った。

子どものころからこの風土に馴染んでいる。もの心ついたとき、目に映る風景は私の家族と同じくらいに身近であった。

どこまでも続く広い道。白樺の幹。ポプラの木々のざわめき。乾いた空気。初夏に咲くチューリップ。真夏の夜の流れ星。

これが私の記憶に残る、生まれた土地の風景だった。

自然がみせてくれた豊かさは、限りがなかった。何かが欠乏するとはどういうものか。子どものころ、私は知らなかったような気がする。

季節ごと、毎年廻ってくる旬の食材。それは季節の廻りとともに豊富にやってきた。一つの食材でいくつもの料理の味わいを楽しむことができた。

私の家にはゲームがなかった。近所の公園や自然がお馴染みの遊び場だった。そして、そのころ私は退屈を知らなかった。ゲームがなくても、一人きりでも、時間を忘れて自然のなかで遊んでいられた。

私を育てたのは、私の家族である。くわえて自然も私を育ててくれた。

毎日欠かさず自然と戯れ、自然に包まれる。暮らしをとおして、この風土は私という人間に影響を与えていった。

この風土が私という人間を日々つくりだしていったのである。

北海道の春は控えめである。暦はとうに立春を過ぎたにもかかわらず、五月初旬の連休に大雪が降ってくることがある。残雪から顔をのぞかせる蕗《ふき》の薹《とう》は、最初の春の訪れである。

夏は、あっという間に過ぎ去ってゆく。お盆の頃、十日前後の夏日になる。夏日といっても二十八度を超えると、暑さに堪え難い。三十度を超える日は、人が生きていける気温ではない。そう子どものころは思っていた。

九月に入ると、もう初秋である。やがて木枯らしが吹き、私の過去の日記には、初雪は十月六日と書かれていた。山々の色彩は日ごとに秋色に変わってゆく。

冬は、道も眺める景色も一面に真っ白になる。今朝方に氷柱が見えるころ、それは冬の始まりの知らせであった。

この風景が子どものころ、私が過ごした北海道の四季である。

二十代に東京に移り住み、北海道とは違う冬の景色と気候に驚いた。月日が流れ、都市での暮らしに馴染んでいった。次第に私も都市生活者として働き、暮らしていくようになった。北海道の風景と異なる都市・東京での暮らし。そこは梅雨があり、気温が高かった。最初の東京の夏、身体が気候についていかなかった。

だから初めての夏、生まれ育った北海道に帰らざるをえなかったのを覚えている。

暮らしていくうちに、都市の気候と暮らしに馴染んでいき、友人ができ、仕事にも就いた。いつの間にか、大都市東京の風土に身体が違和感を覚えなくなっていった。私と東京の風土との折り合いがついたのだ。

そして、ここでの暮らしは、多文化と変化に富み、楽しかった。

二〇一五年の春から仕事が理由で、ここ静岡で暮らすようになった。それからちょうど三度目の春を迎えようとしている。

慣れ親しんだ場所とのお別れ。二十代を過ごすものの、幼少期に縁のない都市だった。だから愛着はないと思っていた。だが、意外にも離れることが寂しかった。

暮らし慣れた地域。空間。見慣れたいつもの風景。そしてそこで関わりのある人たち。そういう私を取り囲んでいた暮らしから、自分だけが切り離されて遠くへ移動するようだった。そんな気持ちで三年前の春、しばらくは心が揺らいでいた。

静岡で暮らし始めたころ、新鮮さを感じることが多かった。

異国を旅するような気持ちで、目に入るもの、耳にするものと関わってきた。同じ日本だが、同じようで違っている。

親切な人のなかには、私が暮らしに戸惑わないよう、地域の歴史と暮らしの作法について教えてくれる人もいた。毎日が学習である。どこにも根をおろさない暮らしをする私は、地に足をつけない旅人のようだと思っていた。

新しい地域を前にした私の眼差しは、旅人である。住人ではなかったように思う。実際は、住民票をおいているから住民である。旅人ではない。でもやはり、住人の眼差しと同じような眼差しをもっているのではないと、今も思っている。

家族の暮らす北海道は平安の場所である。だが不思議と懐かしさを感じる場所ではない。北海道は比較的歴史の浅い地域だからだろうか。私がここに根づいて暮らすのを選ばなかったからだろうか。

東京も愛着がある。家族に守られ暮らすことから一人で暮らしを立てる。生活者として自律し始めた土地である。今から思えば東京の暮らしは、他者の交流を通し、私は私自身の内面と交流をしていたのだ。自分の生命をつくりあげる最も貴重な一時を過ごしていた。

過去の私の内側を照らす東京の風景、そして私の幼少の記憶がこめられた北海道の風景。この記憶を携え、私は静岡で日々新しく生まれる私の生命を営んでいる。

そういうわけで北海道、東京そして静岡を行き来する風来者のような暮らしとなった。

このことはいいことも思わないが、悪いことでもないのかもしれない。どこにも地に足をつけてはいない。だが私と地域の間にも縁があり、私の思惟と労働をつくる源であるのは間違いない。

ただ自分のコミュニティといえるような場所は、一体どこにあるのか、と疑問を抱き始めるようになった。

人は、生きてゆくのにどこかに根づく必要があるのだろうか。だから人は家庭をもったり、何かに属したり、他者と共通のものを見つけ出し、類を為そうとするのだろうか。

そういうものをコミュニティとよび、そうした動機に基づいて人はコミュニティにある期待をもつのかもしれない。

私がこうした問いを立て考えてみたいと思うのは、情報とモノに溢れる暮らしに少しの息苦しさと心もとなさを感じるようになったからかもしれない。

この思いは少しの不安に紐づいているような気もする。物質的なものが欠乏する不安とは違うものである。

ただ生きて暮らすだけなら、人はこうした問いを立てようとは思わないだろうから。

人の生命は、必ず終わる。そういうものだ。地上の歴史に比べると一人の人間の一生は一瞬の生命活動である。

これまでの私の暮らし方をとおして、コミュニティと人間の関係を考え直してみたいと思ったのだ。

人間にとってコミュニティとはなにか。まずはこの問いから取りかかろう。

第一章　本書の世界観と表現方法

1　コミュニティを見つめる眼差しと世界観

(1) 気ままな旅人の眼差し

ものを書き記すことは、世界をどのようなまなざしで見つめているか、を示すことである。誰かと同じ風景を眺めていても、その景色を語るとき、同じ語られかたはないものだ。われわれはともにある風景を眺めても、他者と同じ景色を見ているのではないものだ。

どのようにコミュニティを見つめるのか。そこに住む人、活動する人、旅をする人、いろいろな動機と目的で人はコミュニティを語り、関わっている。

何かの目的をもってコミュニティを訪れる人は、そのすべてを見ることはできない。なぜなら、それは目的に沿う風景を見ようとするからである。そこに住んでいる人、とりわけ長く住まう人にしか見えないもの、知らないものというのはある。すべてをとらえることはできなくても、目的をもってコミュニティに関わる人には、目的に関わる風景を見つけることができる。

だが一方で、一定のコミュニティに長く住まう人だから見えないこともある。既知の事柄がその人々にとって、習慣や常識、文化になっている。それが未知のことを知ろうとする機会を乏しくさせ、視界の盲点をつくってしまう。具体的にいうと、自分たちしか知らないがゆえに他との差異を見出すことができないと言い換えることができよう。そのことは同時に自分たちを知ることができないまま、狭い世界に安住することにつながる。安住するだけならよいが、偏った視点しかもたない場合、時に狭い世界で問題をとらえ、議論し、解決を模索することから抜け出すことができなくなる。多様な視点を用いて物事をとらえ、解決に導くことが容易にできなくなるのを意味している。そして多様な人間の可能性を損失することにもつながるのだ。

こうした立場による視点の違いを鑑みて、本書では気ままな旅人の視点を選ぼうと考えたのだ。気ままな旅人は言葉通りのことを指している。気ままな旅人といっても、自分の生活の文化を背負う人間である。だが、気ままな旅は目的があいまいである。はっきりとした目的をもたず、自分と異なる文化を有する地域を訪れるときに見える風景の視点を用いたいと思ったのだ。それは中庸な眼差しで風景を眺めることができると考えるからである。

気ままな旅人の眼差しは、自分の日常に見るものとは異なる風景に心が開けているのである。旅をすることで、われわれは旅先の個性に気がつくことができる。その発見はしばしば驚きをともなうものだ。自分がこれまで知り得なかったことをみせてくれる。そしてこの気ままな旅人の眼差しが本書の試みの有用性である。

（2）本書の世界観——心がひらけたときに見える風景——

これからコミュニティを論じるにあたり、風景が鍵概念になってくる。本書で用いる「風景」は、一般的にいわれる風景と異なる意味を含んでいる。

『岩波　哲学・思想辞典』における、風景論によると人間が自らの環境をどのようにとらえるかということに関し、風景という観点が注目されているとある。地理学の世界において、数量化されたデータに基づく法則化をもって唯一の方法とする論理実証主義的地理学に対抗して、現象学的方法の導入が図られてきたことなどがそのきっかけとなっている。そして、近代日本ではその発想の起源の一つに哲学者である和辻哲郎の『風土』がある。[1]

和辻の風土学は現象学的にとらえた風土の概念である。『風土』の目的は「人間存在の構造契機としての風土性を明らかにする」[2]のであり、風土は「主体的な人間存在の表現」[3]であり、いわゆる自然環境としてではないと明確に違いを述べている。和辻の影響も受けているフランス人社会学者のオギュスタン・ベルクによると、和辻のいう「自然環境」とは、対象化された風土の概念である。[4] 対象化という言葉は哲学の用語であるが、平たく説明すると自分と切り離される形で認識される対象物ととらえることができる。ただし、これは普通に生活する人間が物事を認識する知覚的な経験と理解してよいと考えている。

　現象学は、十八世紀後半のヨーロッパで生まれた哲学である。われわれの生、そのものである絶対的存在はそれ自身で把握できず、現象において把握できるという考え方である。十九世紀末以降の哲学者であるエトムント・フッサール[5]の現象学によって、現象学は哲学における立場を確立した。その後、マルティン・ハイデッガー[6]やモーリス・メルロ＝ポンティ[7]らへと影響を与えた。本論文で用いる現象学とは、ハイデッガーの了解に基づく現象学を意味している。

　すなわち本書における風土とは、人間にとって単なる環境を意味するのではない。人間の存在を自己了解する契機としての風土ととらえている。この風土が、人間の心がひらけたときに見える風景である。心がひらけたときに見える風景は、人間の思惟を超越しているのである。人間の思惟よりも身体性がとらえる風景は、時に自分と他者を結びつけ、人間自身が思惟することでとらえる以上の知を経験することができる風景である。

2　本書の目的、表現方法、構成

ものを書くには、いくつかの方法がある。小説、ルポルタージュ、エッセイ、そして研究などがある。研究とひとことで言ってみても、その目的、書き手の世界観と関心によって、いろいろなものがある。何を目的に書くのか、方法は目的に依存する。

本書の目的は、近現代の日本のコミュニティを問い直すことにある。産業革命に端を発する、産業化と情報技術の高度な発達は大きく人間の暮らしと労働を変えた。かつて生活基盤であった地域社会は、近代化の進行とともに失われつつある。一方で、情報技術に支えられた新たなコミュニティの概念が世界的に浸透しつつある。

世の中の急激な展開にともない、人間同士が支え合い、地域社会を形成した人間のあり方が失われつつある。核家族化が進行し、個人を一つの暮らしの単位とするあり方がその多くを占めるようになった。

こうした社会背景の転換によって、生み出されたといえる家族や労働の諸問題に対する一助となるべく執筆を進めた。急展開する社会背景のもと、伝統的な日本の共同体のあり方と近代以降のコミュニティとを比較的に考察している。それを通して、急速に変容する現代社会における

「これからのコミュニティとは何か」を記述的に明らかにすることが、本書の目的である。その主な素材には、岡山県倉敷市美観地区住民の口述史を考察対象としている。詳細は、論理の展開とともに必要な説明を加えている。

また、本書では、フィールドワークと文献を対象に主題の検討のため古典を多数用いている。それゆえ、日常の生活では用いられない文言がある。読み手の理解を促すよう、それらの概念について説明をしている。

第一章では、本書の目的、表現方法、構成を説明している。

第二章では、コミュニティの概念を古典的著作で確認している。そのうえで、日本社会のコミュニティの成り立ちについて歴史家の視点から概括して記述している。さらに、今日的な特徴であるグローバリゼーションの影響とコミュニティを先行研究として検討している。

第三章では、筆者が二〇一四年に倉敷市美観地区におけるフィールドワークとインタビューの結果に基づきコミュニティに内包される労働と貨幣の関係から人間の課題を明らかにし、貨幣価値の創造について論じている。

第四章は、前章の結果からコミュニティの機能的目的的な側面に偏ったあり方から、健全なコミュニティ創造のために何が必要かを説明している。

第五章では、筆者が本書全体の分析の視点として仮置きしたコミュニティの「場」「連帯」「歴史的文脈」から、総合的にこれからのコミュニティのあり方を検討している。

おわりにでは、以上の検討を踏まえて「これからのコミュニティ」創造のための必要な視点を提示している。

第二章　コミュニティとは何か——過去から現在

1　今日的なコミュニティ再考の意義

コミュニティとは何か。そう問われて、すぐに答えられる人は、どのくらいいるのであろう。自明なことを問いていると、疑問を抱く人もいるかもしれない。

この言葉は、かつては近代化を妨げるものと批判され、現代では地域社会の諸課題への特効薬のように期待されている。日常でも頻繁に用いられており、いくつもの学術領域で議論と研究が進められている。だがしかし、未だ普遍的かつ厳密な定義が存在せずに変化し続けている概念といってよいだろう。

誰もが知っていて、身近である。だが、いざ問われるとよくわからない言葉でもある。こうした本質的な事柄に思惟を及ぼすことはそう容易くない。そして、だからこそ人々の関心を呼ぶのである。

一九九〇年代以降、著しく発達した情報技術がわれわれの暮らしに入り込んでいる。日本でパソコンまたはスマートフォンを持たない人はほとんど見かけられなくなった。われわれが生活をよりよくしようとつくり出したのは、一面には他人と同居するように機械と同居しているような生活世界である。おかげで人びとの生活世界は大きく拡がった。その拡がりは時間や場所に制限されない。場所を移動せずに、人は他者とコミュニケーションをとることができる。単なるコミュニケーション手段にとどまらず、世界中から情報を得ることができる。買い物も可能だ。確かに便利である。医療、福祉や介護分野では、高度に発達した技術が、人間の命を支える役割を果たすこともある。

そして最近では人工知能（ＡＩ）に注目が集まっている。新聞や雑誌で人工知能がどれだけ人間生活を快適で生産的に導くのかが書かれている。その一つとして昔読んだ新聞の記事によると、将来は人間の労働のほとんどすべてを機械が代行する。だから人間の仕事は考えるだけになる。人間の労働はロボットが行ない、人間は哲学者になるだろう、という内容だ。その未来は本当だろうかと疑う気持ちが表われる。生活世界に際限なく技術が持ち込まれるのは、人間にとって不都合な事態をももたらすものだ。

このようなことは考えられないだろうか。人間同士の関わりに直接的な交流が減り、代わりに機械が介されるようになる。そのことは、他者との交流がつまらないものに成り下がったようにもとらえられる。例えばソーシャルネットワーキングサービス（以下、ＳＮＳ）のアカウントは、その人の人格のように他者にみなされている。アカウントは人間自身ではもちろんない。人間が向き合っているのは、パソコンもしくはスマートフォンである。機械が映し出す情報は、その人間の特徴を表示している。それは、人間が意図した特徴にもなるし、他者にとらえられた特徴にもなりうる。

電車のなかを見渡すと、スマートフォンという小さな機械の画面に人が向き合っているのはよく見る風景である。この風景は、つまらない関係性を最も端的に理解するのに十分な例である。ＳＮＳは、コンピューターで他者とコミュニケーションをとるための、つくられた人間のシンボルである。機械を介したコミュニケーションは、その機能を享受するために、参加する人々皆が同じルールに則って、他者と交流をもつものである。人間が機能を享受するための制約を受けるコミュニケーションは、交流のためのサービスを享受できるという点で自由であるようだ。だが、ルールに則るという制約が条件づけられている。このように制約がともなうコミュニケーションは不自由で不自然さを覚えるのは筆者だけだろうか。

人間と対話しているのだが、向き合っているのは機械である。対話の一部にときどき機械が介入するではなく、機械を介して人間同士の対話が成立するものだ。人間同士の対話にさえ機械が入り込む割合は増えている気がしている。機械が人間の交流に持ち込まれる前まで当たり前であった相手の人間性をとらえるのが難しくなっているような気持ちを抱かせられる。この現実から未来を予測すると意図的につくられた人間のシンボルと対話する時間が増加して、人間の対話に人間のシンボルとして機械が介されるのが一般的になるのではと懸念している。

人間がつくる制度や技術は人間の道具にとどまらずに、なぜかつくり手を支配する逆転現象をもたらす特性をはらんでいる。人間が生活を便利かつ快適に導くためにつくりだした人工知能にいつか人間が支配されるのではという危惧は大袈裟ではないだろう。

たとえば、われわれはすでに瞬時に地球の裏側の人間にメッセージを送る技術を得ている。昔なら国際郵便を使っての情報のやりとりが数分で伝達可能になったのである。こうしたことは、人間にゆとりをもたらしただろうか。ますます人間は速い時間の流れを生きることになり、忙しくなったのではないだろうか。

こうした高度に発達した技術を享受できる社会の変化もまた、人間とコミュニティの課題を再検討する求めに関わっている。高度な技術の発達は、人間のあり方に影響を与えた。人間がつくりだす技術は、人間自身と社会を果たして健全な生活世界へと導いているのだろうか。素朴な日常生活にこのような変化がもたらされた背景は単純ではない。それにはグローバリゼーションという地球規模の社会の過程が大きく影響している。そうした今日的な課題を念頭におきながら、本書ではコミュニティと人間の課題を検討してゆく。

2　コミュニティの古典

広辞苑によると、コミュニティは「①一定の地域に居住し、共属感情を持つ人々の集団。地域社会。共同体。②アメリカの社会学者マッキーヴァー（Robert M. Maciver 1882〜1970）の設定した社会集団の類型。個人を全面的に吸収する社会集団。家族・村落など。③群集2に同じ」[8]とある。ここでは、コミュニティと地域社会、共同体が同じ意味をもつ言葉として扱われている。できるだけ言葉に意味づけされた背景をとらえてゆきたいので、『岩波 哲学・思想辞典』を見てみたい。共同体は「概念としてはラテン語のcom - munitasに由来し、物質的富や精神的価値を共有すること、あるいはそれらを共有する集団を指す。西欧の言語では一語だが、日本語に訳されるとき力点の置き方によって、具体的集団なら共同体、その性質なら共同性、制度的にみれば共有制などと訳し分けられる。土地の共有性、キリスト教団などもこれにあたる。もともとこれは法的・制度的概念だが、西欧的伝統の形成過程でcommunという語幹をもとに多様化し、聖体拝領、共産主義、コミュニケーションなどの概念とも響き合っている」[9]とあるように、場に条件づけられた集団。かつ価値観の共通性、物質的な富の共有という連帯で結ばれた集団であると大まかに理解することができる。広辞苑に掲載されているマッキーヴァーの『コミュニティ』[10]の論理背景にはヨーロッパからアメリカ新大陸に渡来した人々の歴史が背景となっている。

私は、コミュニティという語を、村とか町、あるいは地方や国とかもっと広い範囲の共同生活のいずれかの領域を指すのに用いようと思う。ある領域がコミュニティの名に価するには、それより広い領域からそれが何程か区別されなければならず、共同生活はその領域の境界が何らかの意味をもついくつかの独自の特徴をもっている。物理的、生物学的、心理学的な宇宙諸法則のすべては、共に生活する諸存在を互いに類似させるうえに力を貸している。人間がともに生活するところには常に、ある種のまたある程度の独自な共通の諸特徴—風俗、伝統、言葉使いそのほか—が発達する。

社会関係は最も不十分なものでさえ、世界の果てにまで拡がる社会的接触の連鎖のなかの一部である。このように生起する社会諸関係の無限の系列のなかに、われわれは都市〔市民〕や民族や部族といったより集約的な共同生活の諸核を識別し、それらを〈すぐれて〉コミュニティとみなすわけである（マッキーヴァー、1917）[11]。

一方でマッキーヴァーは、アソシエーションの概念をコミュニティと対比的に検討し、概念の説明を進めている。「アソシエーションとは、社会的存在がある共同の関心〔利害〕または諸関心を追求するための組織体（あるいは〈組織される〉社会的存在の一団）である。それは、共同目的にもとづいてつくられる確定した社会的統一体である」（マッキーヴァー、1917）[12]。

このように、アソシエーションとそれらを内包するコミュニティとを解説し、次のように規定している。

コミュニティは、社会生活の、つまり社会的存在の共同生活の焦点であるが、アソシエーションは、ある共同の関心または諸関心の追求のために明確に設立された社会生活の組織体である。（マッキーヴァー、1917）[13]。

引き続き、マッキーヴァーのコミュニティ論にも影響を与えたのが、ドイツ人哲学・社会学者のテンニエスである。社会集団を主題とした『ゲマインシャフトとゲゼルシャフト』には、コミュニティの概念の原型が論じられている。

テンニエスは人間の意思が基軸になり、社会生活が展開されるということを前提に、人間同士の結ばれ方から「実在的有機的な生命体と考えられるものと、観念的機械的な形成物と考えられるものとがある―前者がゲマインシャフトの本質であり、後者がゲゼルシャフトの概念である」（テンニエス、1887）。「すべての信頼にみちた親密な水入らずの共同生活は、（われわれの見るところでは）、ゲマインシャフトにおける生活と解される。ゲゼルシャフトは公共生活（Öffentlichkeit）であり、世間（Welt）である」[14]（テンニエス、1887）と区別して規定している。

この両者は、すべての観点において対照的に論じられている。テンニエスは、ゲマインシャフトは感性が理性を内包する「本質意思」によって形成され、ゲゼルシャフトは理性が感性を従える「選択意思」によって形成されると両者の特色を記述する。[15]

古典的著作によるとコミュニティとは場（土地、所属）に条件づけられるとともに、人との結ばれ方によって、共通の目的達成のための機能的コミュニティと、機能的ではない共同生活の共通項によるコミュニティとで比較的に特徴づけられる。

それから、コミュニティには独自の歴史がある。これはマッキーヴァーが共同生活を通して、その集団独自の諸特徴が発達するとあるように、時空間を共有するとは経験の共有である。共有された経験は積み上げられ、歴史として後世に引き継がれる。コミュニティの歴史とは、その時代の土地と住まう人皆が経験した生活の営みといえる。

なかには人間の記憶に残るものもあるし、無自覚に過ぎ去り記憶に残らないものもありうる。

そして、それを覆うようにすべてのコミュニティは日本の歴史全体の文脈と関連がある。たとえば、明治維新や世界大戦、東日本大震災などはわれわれの共有された歴史性である。出来事は一瞬であるが、何十年と後世に引き継がれる出来事がある。そういうものは、日本の歴史全体のなかで忘れえない記憶となってコミュニティと人間の歴史の形成に影響を与え続ける。

以上を参照にし、本書における言葉の概念を、次のように整理することができる。

「コミュニティ」と「共同体」、「地域社会」は同義とする。ただし、日本の近世以前のコミュニティについて述べるときは「共同体」を用い、近代以降においては「コミュニティ」と区別して使用したい。「土地」と「地域」は同義であり、そこに関わる人間同士の有機的なつながり、連帯の意味を含まず用いている。また、「貨幣」とは「お金」と同義である。

以上を踏まえ、次に日本のコミュニティに焦点を絞って考察をすすめるので、日本の歴史とコミュニティに関する先行研究を概括して検討する。

3　日本の共同体の特色と国家の形成

歴史家網野善彦によると、一般的に日本の「村」と呼ばれるものは、四分の三くらいが室町時代を出発点としている。そこで成立した村と町が、江戸時代につながり、民衆による自治的な機能を担保しつつ、江戸時代に社会の基本的単位となった。

古代から中世前期の村は、新たに開いた田地や畠地を村と言っている場合がふつうで、近世・江戸期の村とは意味合いが異なってくると述べられている。[16] 後述する事例の倉敷市美観地区の村の成り立ちを参考にしても、近世の村という単位は民衆同士の互助の機能を有する一つの共同体と理解することができる。このことより日本の共同体を考えるとき、近世由来の「村」や「集落」と呼ばれるものが、共同体の実質的な意味をもつものととらえられる。

近世に生まれた村や町は、引き続き近代へとつながる。こうして近代の原型として扱われているのが、近世・江戸期の共同体である。村や町がつくられるようになったのは、文書主義を採用した律令国家の成立と文字の普及が絡んでいたという。[17] 中国の律令国家は儒教を骨格にしている。中国における制度の受容にともなって当時の日本でも金属貨幣が鋳造され、庸・調などの貢納に用いられた。こうした歴史から国家の仕組みの成り立ちに貨幣が役割を果たしていたということも重要である。[18]

つまり、国家の成立と貨幣の流通が絡み、当時の日本の社会のしくみが形成されてきたのだ。言い換えると、儒教の教えが国家と人間の関係をつくる原理とされた。そして、国家運営にかかる労働を当時の租税として人間から収奪するために貨幣は一役かったのだという。というのも貨幣は人間の労働が集結された労働の価値である。貨幣は労働価値を貨幣の交換機能をつかって、民衆の労働を国家が収奪することを可能にした。それによって国家は国家の立場を形成していったのだ。

今に至っては人間の生活にとって貨幣は、欠くことのできない生命を司るまでの存在である。多くの人間は、多様な価値交換機能をもつ貨幣を得るため生きている、といっても大げさではない。では、今日のわれわれにとっては当たり前のごとく横たわっている市場原理の成立について網野の視点からまとめて述べておく。

元来、モノとモノを交換するのは贈与互酬の関係である。モノを交換するには、どのような成立条件があったのだろうか。網野は日本中世の歴史を専門とする勝俣鎮夫の説を用い、この成立条件として市の場が求められたといっている。市の場は贈与互酬の関係という日常の世界で関係の切れた場、網野によると「無縁」の場であると説明している。[19]

つまり、「市の場では、モノにせよ人にせよ、いったん、神の世界のものにしてしまう。また別のいい方をすれば、だれのものでもないものにしてしまうということだ。そのうえでモノとモノの交換がおこなわれるのではないか」。[20] このように、無縁の状態が市場と交易において表われるということは、江戸期を経て近代での商品交換、市場原理の原点といってよいと説明している。[21] くわえて、交易や金融に関しても、中世では俗界をこえた聖なる世界、神仏の世界を関わることによって可能なものであるゆえに、俗人にはたやすくできなかった。[22]

ところが、十四世紀以降、貨幣の活発な流通という事態に際し、商業、金融の行為が世俗的なものへと変化し、それらに携わる人の特質も世俗的になった。十四世紀、南北朝の動乱をへて、当時の日本社会における権威の構造が大きく変化したという。[23]

近世から、農業・工業・商業の分離が進行し、貨幣の流通と市場が形成され、商品経済が浸透し始めていった。この流れが江戸期の共同体の形成へと継承されている。このころより労働は分業されてゆく。それにともない、いくつかの特色を備えた共同体が形成されてきた。

ところが明治維新以降に、江戸期の共同体は崩壊し、村と村人の国家への統合が押し進められ、天皇制との結びつきが図られていく。[24] その理由はよく知られたことであって、人間が共同体単位で暮らす民衆の思想と暮らしの作法が中央集権国家を目指す明治政府にとって障りになっていたからである。当時の民衆の連帯は如何なるものであったのか、追体験することはできないが、近世の共同体の精神が、今もなおわれわれの社会のどこかに残っているとされている。[25]

共同体を主な主題としている哲学者の内山節は、時代や地域による違いがあったとしても、人間が共同体のなかで共有世界をもって生きていた精神が、現在残っている伝統的共同体の古層に存在しているとし、日本の共同体の特色について次のように述べている。

自然と人間の共同体であり、生と死を総合した共同体であることが、日本の共同体に複雑な仕組みを与えることになった。さらに中世以来の自治の精神がかたちを変えながらも流れつづけ、江戸期以降は家業の精神が共同体に影響を与えた。それらのことが日本に独自の共同体を展開させた。

その共同体は多層的共同体としてつくられ、小さな共同体が積み重なることによって共同体の社会ができるという性格をもっている。（内山、2010）[26]

この説明を日本の伝統的な共同体の特色として理解するのであれば、共同体の構成をなす祖先のつながり、そして自然のつながりが日本のコミュニティの検討に含むべき視点である。そしてこの特性は、先述した西洋のコミュニティの特色に含まれていないのだ。言い換えると、先祖と自然に視点を及ぼすことが、日本のコミュニティを考える一つの助けになるといえる。

さて、日本の社会においてわれわれが今日的なコミュニティの問題を考えるようになったのは、一九六九年が一つの目安になるのではないだろうか。この年は、一九四五年の第二次世界大戦終結の後、一九五五年ごろより日本の経済成長が右肩上がりに発達し、国民生活審議会コミュニティ問題小委員会が作成した「コミュニティ―生活の場における人間性の回復―」が提出された時期である。

これを参照すると、高度経済成長期に交わされた共同体論とは、封建制度下にある不自由な人々という前提に立っていた。[27] すなわち、共同体に対する否定的な認識が前提にあったのである。明治期における近代国家形成および終戦後に欧米からもち込まれた個人と家族を基調とした市民社会を実現するべく諸制度を定着させるあたり、共同体は解体し、乗り越えるべきものとされていた。[28]

近代化の過程は、ものの見方によって多様な文脈でとらえることができる。その文脈によってどのような問題が今日もたらされているのかという認識が変わってくるのだと考えられる。筆者は、ひとまずこの近代化を人間が個人と家族単位に分断された過程ととらえる。それにともなう人間とコミュニティの課題が生まれている、という説を本書で採用したいと考える。というのは、この文脈以外のとらえ方も当然にある。それは共同体という人間を束縛するものから自由を手にすることができた。しがらみの問題からの解放論である。この説を採用した場合に極端な言い方をすれば、今、社会問題として議論されているような人間とコミュニティに関する問題を見出すことはできない。そうすると現状を変化させる理由もなくなることを意味するのではないだろうか。

われわれがかつて、人間を共同体というしがらみから解放するため近代的な生活世界を手にしたのだ、という文脈だけで現状を評価するとしよう。その場合、今、起こっている孤独死や家族、コミュニティの課題を精確にとらえるのを回避し、また活発に議論されているコミュニティのあり方や必要論と結びつかないのである。

時代とともに、世の中は変化し続けコミュニティの課題のとらえ方も変わるものである。それゆえ、本書では今起こっている問題を批判的にとらえる立場をとっていると前置きしておきたい。本書の意義は、われわれの生命をより健全で幸福な生活世界へ導くことへの貢献である。だから、あえて近代化にともなう人間とコミュニティの課題を前提におく文脈を採用しようと考えるのだ。

さて、議論を戻そう。古くからの地域共同体が崩壊するにともない、第二次世界大戦後の急速な近代化は多くの課題を生み出した。前著「コミュニティ―生活の場における人間性の回復―」では、共同体の崩壊にともなう当時の課題を具体的に明記している。

それによると、①家族制度の変革にともない、家族間の結びつきの希薄化、②主婦の就労が増加したことにともなう鍵っ子の増加と、家庭内外でのしつけの消失、③孤独な余生をおくる高齢者、④余暇の活動時間や活動組織の場の現象、⑤公害と交通事故、⑥急病人の対応が困難になると記述されている。[29] これらは、終戦以前において自然に担っていた共同体の機能の衰退がもたらした課題である。そうした、近代化が加速するに従い、課題が浮上してきたことから、古来とは異なる新たなコミュニティ必要論が提起されてきた。このように、江戸期を原型と考えた場合の日本のコミュニティは、大きくわけて明治維新以降と第二次世界大戦終戦以降に崩壊の岐路にたってきたと考えられる。

以上の日本の歴史を踏まえ、日本の共同体の形成には国家の成立とそれにともなう貨幣の流通が大きくからんでいると説明してきた。市場の形成が貨幣による商品交換の仕組みを定着させ、当初は聖なるものによって行なわれる商業と金融がしだいに世俗的かつ近代と類似する意味をもつ営みになってきた。家業は農村共同体に限らず、工業および商業共同体など多様な共同体を形成するにいったことを述べてきた。

ところが、明治維新と終戦後の近代化の過程では共同体は個人を縛る不自由なものという文脈にのって国家による解体が進められた。それにともない民衆の互助の営みは急速に衰退していったという日本のコミュニティの変容と背景について確認をした。

次節では、最近の日本のコミュニティに関係し、どのような議論が展開されているのか、いくつか文献を参考にして検討を進めよう。

4　グローバリゼーションとコミュニティ

今日的なコミュニティを検討するための最大の特性としてグローバリゼーションが考えられる。資本主義を原理としたこの概念とコミュニティの関係から先行研究を選定し検討をすすめることにした。グローバリゼーションの理解を助ける主著としてマンフレッド・B・スティーガーの解説を参考にしている。近代のグローバリゼーションを専門としたオーストラリアの社会学者スティーガーによると、グローバリゼーションを静態的な状態としてとらえるのではなく動態的な過程として理解しようとする必要がある。それにあたり旧来、先鋭に区別されてきた「地方的」、「一国的」、「地域的」、「グローバル」といった地理的範囲は、複合的でネットワーク化された世界では、それぞれの範囲が重複して浸透しあっているので、役に立たないことを前置きしている。[30]つまり、社会構造と文化領域の巨大な変容は、世界の多様な場所に暮らす人々に極めて多様な影響を及ぼしているということだ。[31]

じっさいグローバリゼーションの本質がどのような次元にあるのかに関する学術的論争は、経済的、政治的、文化的、イデオロギー、環境面の過程にグローバリゼーションの本質があるなどと議論になっている。だが、そのいずれの見解もグローバリゼーションの本質の一面を精確に特定している点で正しい。そのうえで、グローバリゼーションの諸過程の中核的性質を明らかにしようとする多様な試みのなかに、スティーガーはいくつか重複したテーマを見出している。[32]

第一の特性として、グローバリゼーションが伝統的な政治的・経済的・文化的・地理的な境界を横断する社会的ネットワークや社会的活動の創出と、既存のそれらの増殖とをともなっている。第二に、今日的な金融市場の実際を例にあげ社会的な関係、行動、相互依存の拡大と伸長に反映されている。第三に、社会的な交流と活動の強化と加速を行なう。最後に、グローバリゼーションの諸過程は、単に客観的・物質的なレベルで生起しているのではなく、人間の意識という主観的な局面をともなっている。[33]

以上の四つの特性から「グローバリゼーションとは、世界時間と世界空間を横断した社会関係および意識の拡大・強化を意味する」[34]と定義をした。本書において、グローバリゼーションを示す場合、この定義を採用して述べている。

そしてコミュニティの概念もまた多義的である。先行研究も社会福祉や地域経済、組織活動、文化交流など多用な分野で独自に定義を設け議論が行なわれている。そのため議論されている学術領域を限定せずに「グローバリゼーション」、「コミュニティ」をキーワードとして国内で発表された最近の研究論文を概観し、本書の目的に沿うものを検討したので紹介する。

(1) グローバリゼーションとコミュニティへの期待

広井良典は公共研究の分野でグローバリゼーションの歴史を踏まえながら、今後のコミュニティの役割とセーフティネットについて検討した。社会について論じるために、その構造を「地域(ローカル)」「国家(ナショナル)」「地球(グローバル)」に区分し、それぞれの区分における経済機能として「共」の原理(互酬性)、「公」の原理(再分配)、「私」の原理(交換)について、どのような機能が働いているのかまとめて示した。

ここでいう「共」が共同体（コミュニティ）にあたる。この論理のための枠組みを用いて、従来人間の諸活動は地域にほぼ限定され営まれてきたが、近代の工業化にともない市場が拡大し、再分配の担い手である国家が市場経済をコントロールするようになった。引き続く情報化の時代では世界市場が成立しつつあり、「共」の原理（互酬性）と「公」の原理（再分配）は極めて脆弱であると述べている。そのうえで「共」の原理（互酬性）、「公」の原理（再分配）、「私」の原理（交換）のバランスを図る意味もあり、人間のセーフティネットは現在ある生活保護（公的扶助）、社会保険、雇用、それらよりも予防的な役割を果たす「コミュニティというセーフティネット」が求められると論じている。[35]

この論は、グローバリゼーションが人間の生活の糧を得る労働市場を極めて激しい企業間競争、労働者間競争へと追いやった。その背景が、コミュニティに対し人間の生命を守るような役割を期待するに至ったととらえることができる。

橋本行史は、行政とコミュニティのパートナーシップという観点から、夕張市の事例検討に基づき、公共サービスをコミュニティとの協働によってどう代替えできるかを検討した。まず一九七〇年代の行政下請け的なコミュニティ政策を批判的にとらえ、一九九〇年代グローバリゼーションの台頭とともに拡がった多様な課題を前に、行政の限界の露呈とコミュニティのセーフティネットが問題解決の手段として期待されていると確認している。

そのうえで、夕張市の地域再生の検証を行ない、次の見解を提示している。

戦後の社会国家思想のもと、行政の役割が拡大し行政による地域の過保護が要因の一つとなりコミュニティそのものが軽視されてきたこと。その背景が前提にあり、行政が従来の公的役割を果たせず市民や企業主導のコミュニティ活動が活発になっている。ただし、企業は営利組織であるがゆえ、行政や市民の公共的役割についての期待と摩擦を生じやすい。

そしてコミュニティ再構成には世代を通底する互恵関係の形成が大きな影響を与えていた、と明らかにしている。[36]

広井と同様に橋本の論文も、二〇世紀後半の手厚い行政施策が財政難から持続が危うい状況である反省とともに、行政が担えない公共サービスの代替えをコミュニティへ期待していると理解できる。その意図は特定非営利活動促進法（ＮＰＯ法）の整備が進み、社会の課題を解決するのを目的とした社会企業家の活動を応援する姿勢などからうかがえる。

だが一方で、単純に公的役割を保険や住民組織への委託といった安易なサービス権限移譲は、本質的に地域における社会活動家・企業家、地域住民の益となるのかという懸念は生まれる。

少子高齢化と財政難にともない、従来の公的サービスが提供できなくなったから、社会関係資本の醸成を公的サービスに採用し、行政が担保できなくなってきた穴埋めを他の組織の活動に任せ、従来担ってきた役割をこうした形で民間組織に譲り渡し放棄するのでは、コミュニティが行政施策にただ利用されているという見方もあるからだ。

社会の諸問題の解決策という点で類似の見解を田中人《まさと》は、「コミュニティ観の今日的位相―多主体的協働秩序としてのコミュニケーション的共同性―」で、中央集権的国家制度と経済主義の思想を根本的なイデオロギーとしてきた近代国民国家のシステムに国民が不信感を抱いている。だからコミュニティを「社会のオルタナティブ」とみなすコミュニティへの期待を、その背景とともに述べている。

また、経済社会的な背景の文脈と同時に存在論的な背景も説明し、人間の絆や繋がりの再構築という考え方にみられるような共同性への再帰的な欲求という背景も併せもつと述べられている。この立場はコミュニタリアリズム（共同体主義）に連なるものと田中はとらえ、リベラリズム（自由主義）の立場に対し共同体の価値の見直しを迫るものと説明されている。[37] こうした思想の転換は同意できる部分がある。

国民が主権の国家運営の制度であっても、資本制の経済社会では、われわれは日々消費の誘惑のなかに生きる状況におかれている。物事を疑わずに無防備に過ごしていると、知らないうちに資本主義経済思想の価値観に影響されてゆく環境にあるものだ。大都市に限らず地方でも都市化が進み大型マンションが建ち並び、商店街にグローバル企業の参入は珍しくない。土地に根づいた歴史を共有するコミュニティは刻一刻と消失しているのが現状ではないだろうか。こうした現実をみると、伝統的な共同体主義へとわれわれが思考転換を図れるとは思えない。

このようにコミュニティに関する研究は、人間の多様化かつ困難性をともなう課題解決の手段やセーフティネットとしての役割を期待する議論がある。また近世から形成されてきた伝統的な共同体と人間存在のあり方に関する議論もあった。前者では、コミュニティを論じる際に、行政の役割が前提に議論されており、行政との協働の視点からコミュニティはとらえられている。そして、ここで規定されているコミュニティとは行政区域を指している。後者ではゲマインシャフトの側面でとらえられた近世以来の共同体を指している。コミュニティの今日の行政区域は概ね近世の「村」が原型ととらえることができるから、いずれにしても同様に土地に条件づけられた共同体と理解できる。

ではなぜ、公共サービスの持続が危惧されているのか。その理由にはグローバリゼーションの影響がある。グローバリゼーションそのものが資本主義経済の思想が生んだ社会の過程である。その社会の過程の渦に国家も巻き込まれており、かつての日本の高度経済成長時代のように消費が伸びないことは、同時に労働市場も拡大せず、という経済の縮小をもたらし、公共サービスの変化を生み出したと考えられる。

公共サービスは税収と公債で主に賄っているので、人口が減少する日本では税収が減り、二〇世紀後半の福祉施策を実行する財力が失われている。しかしながら、コミュニティの課題は複雑なものに変化しながら増えており、そのしわよせを非営利企業や営利組織のCSR（Corporate social Responsibility）、社会起業家と協働することで持続を図っているのではないだろうか。その考え方を支えるために期待されている道具の一つが社会関係資本の概念であり、この概念とコミュニティに関する研究も多数報告されている。

こうした流れは、物質的な豊かさが終戦以来一定に満たされたという意味で、成熟した社会が容易に抱えるに至る、必然的な流れであるように考えられた。

以上のように、社会の諸課題に対応する手段や制度などの機能的な側面としてコミュニティはとらえられている。かつグローバリゼーションが資本主義経済のイデオロギーであるのに対し、コミュニティへの再帰欲求が求められているというものの、コミュニティのイデオロギーに関する見解は含まれていなかった。

(2) グローバリゼーションとコミュニティの概念

国際社会において公共政策は成立するのかについて論考を発表している武貞稔彦は、考察の前提として今日のコミュニティを次のようにとらえている。

従来のコミュニティ（community）という言葉には、何かしらの「共同性」と「領域性」が含まれていた。しかし、現代は、その「領域性」がうすまり、脱領域化という状況―すなわちグローバリゼーション―が進んでいる。換言するとコミュニティは何らかの土地という枠がはめられているものではもはやなく、領域を越えた共同性を持つ集団や社会が成立しているということであり、同時にそれは領域（領土）に成立の基盤を持っている国民国家が主たるアクターである状況がゆらぎつつあることをも示す。[38]

多国籍企業が世界規模で経済活動をすることに限らず、個人の社会活動もまた情報技術の発達により日常的になった。この変化がグローバリゼーションの下支えとなっており、人間の他者とのつながり方もインターネット上で行なわれ、次第にバーチャルコミュニティを形成する今に至っているのである。こうしたコミュニティの特徴には長らくコミュニティの基本的条件とされてきた地域性や歴史性がすっかり消え去っている。伝統的なコミュニティが重視してきた地縁・血縁に基づく共通性が背景に退き、全人的な結合というよりは趣味趣向に基づく部分的な価値観の一致を軸としたコミュニケーションにより共同性が特色づけられている。

このような現代的なコミュニティの特徴について、田中は、最も変化をもたらしたのがコミュニティへの帰属意識であるといい、近代イギリスの社会学者であるジェラード・デランディは流動する現代的なコミュニティをポストモダン・コミュニティととらえている。ポストモダン・コミュニティとは、コミュニティが個人を条件づけるのではなく、逆に個人が自身の自由な意思を発揮して参加し、相互にコミュニケーション行為を通じて再帰的かつ創造的に関わるコミュニティである、と説明されている。[39] このポストモダン・コミュニティを指す場合、先述したコミュニティへの再帰欲求が含まれているとしたら、趣味や価値観が他者との連帯をなすコミュニティは成立するのであろうが、近世のころの連帯、テンニエスのゲマインシャフトの概念に類するのかどうかは疑念の余地がある。

このように今日的なコミュニティの特徴として、従来の歴史性と地域性に基づく地縁・血縁関係で結ばれた関係性という特色が後退した。その代わりに、土地に条件づけられない、同一の価値観によって結ばれ、かつ自らの意思によって主体的なコミュニティに参加が可能な開放的で創造的なコミュニティが現代的なコミュニティであると理解できる。さらに、バーチャルなコミュニティは土地から離れているので、その境界は不明瞭であり、かつ連帯は比較的弱い。このことは個人の意思でコミュニティからの離脱も容易になると予測が立てられる。

また、歴史性や地域性を有する土地に条件づけられないコミュニティの定義と解釈できるものもある。広井良典はコミュニティについて「何らかの帰属意識をもち、かつその構成メンバーの間に一定の連帯ないし相互扶助の意識が働いているような集団」と定義している。ここでは、土地というよりも帰属意識と連帯、相互扶助という大きく括って「つながり」や「連帯」とよく用いられる言葉で換言できるようだ。こうした他者とのつながりの意識が必然的にコミュニティの時空間をつくりだすと理解ができるのではないだろうか。

広義で近現代のコミュニティの特徴を示すには、コミュニティの「場」を規定するよりも「時空間」で規定するほうが現実に適っているようだ。かつ連帯は、互酬性や相互依存関係の意味合いは比較的弱く、人間の暮らしの営みに必ずしも関わらない趣味や価値観でもコミュニティは形成できるという。

このような議論から見えてきたのは、今日的なコミュニティにはイデオロギーが不明瞭であることだ。日本の社会を覆う大きなイデオロギーは資本主義経済の思想であると考えている。誤解を招かぬよう説明するが、法人格でも個人であっても営利活動をする場合にはミッションはある。だがしかし、非営利でない限り剰余価値を生み出すことは組織の存続のために必要なことである。つまり営利活動をするということは、ミッションの実現とともに組織の存続のため剰余価値を生み出すという資本主義経済の仕組みに則り行なわざるをえないことを述べている。

営利組織の他、日本の社会にある多種多様なコミュニティは、どのようなイデオロギーを有するのだろうか。会社組織や学校、クラブ活動などは目的と制度が主に人間同士を結びつける。属する組織が有する目的を達成する理念がある。機能的側面が主なコミュニティのイデオロギーは、理念と目的で人間は類をなすことが理解できる。このようにイデオロギーによって、人は他者とつながることができる。

それでは一人の人間にとって、われわれの本質的な意味でのコミュニティとは何か。疑問の余地が残る。法律や制度で支えられた組織は機能的な側面で結ばれる側面が強い。そのなかにも人間の本質的な連帯がある場合もあるだろう。だが、今日のわれわれのコミュニティには資本主義的な価値観から派生するさまざまな価値基準が生まれており、それは目に見えない場合が多い、なおかつ、われわれの言動に強く働きかけている。

ここまで、大きく二つの項目で最近の研究論文から今日的なコミュニティに関する議論を紹介してきた。以上の先行研究の検討を踏まえて、今日的なコミュニティの特徴と議論が求められる背景について確認してきた。この議論を深めることは、人は他者とどう生きるのかを追求する問いを立てることと同義であると考える。他者を厳密に説明すると、人間は他者性をともなうものである。

自分を認め、思惟するとは、他者の存在を通してそれが可能になる。例外なく、人間はそういう存在である。つまり、他者性が人間存在の条件であるから、次に本書で検討するべきことは「自分がどう生きるべきか」を考えることである。近現代においては、生きること、つまり労働の課題を見つけ、検討を深める必要があるのではないか。ここでいう労働とは、生産性や成果に価値をおく捉え方ではなく、「生きてゆくことそれ自体」を労働と定義して用いている。

第三章　コミュニティのなかの労働

1　人間の労働の反映としての風景

前章でのコミュニティに関する先行研究の検討を踏まえ、第二次世界大戦終戦以降の近代化政策が近世に由来する共同体の崩壊へと働き、一九九〇年代に隆盛したグローバリゼーションがコミュニティのあり方に大きく影響しているのを確認してきた。

コミュニティは土地（場所）に条件づけられる暮らしに限定されなくなっている。土地から遊離し、時空間で形成されるものも含めて人間の類の為し方、すなわちコミュニティととらえることができる。その連帯は、地縁に基づくものに限定されず、価値観、興味や関心という共通項にも広がり認識されつつある。ただし、コミュニティのイデオロギーについては、従来の地域性や歴史性が失われつつあるのが、今日的なコミュニティの特色である、という議論があると確認するにとどまっている。

今、われわれが目にする風景は驚くほどに画一化されている。どこへ行ってもコンビニエンスストアや大型ショッピングモールが目に入ってくる。日本に限らず世界中の人間を顧客に抱えている企業の経済活動の拡がりを理解できる。この風景は、単なる景観ではない。風景は人間の労働そして生命の活動を表わす一つの反映である。

そして、世界規模まで拡がる経済活動を可能にしているのは他でもない貨幣である。貨幣はお金を示している。紀元前の中国、春秋時代に始まるといわれる金属貨幣は、かつては今のような力を奮っていなかった。八世紀初め、和同開珎といわれる銅銭、銀銭が日本で最初につくられた金属貨幣である。十三世紀後半から十四世紀にかけて、日本の社会に金属貨幣が初めて流通し始める。[40] 今では、グローバリゼーションの追い風に乗って、世界中で貨幣価値を基準に人間は企業に募って経済活動をするようになった。

日本の近代化とともに経済活動が可能になったことで、人は生まれ育った地域を移動し、経済活動のため都市部周辺に住む人々が大勢現われたのだ。こうした人間の動きはコミュニティに対する意識とも関わってくるのではないだろうか。このような考え方に基づき、経済活動の媒介である貨幣と人間との関係を再考する。

2　貨幣に支えられた人間の生活世界

人間にとって貨幣とは何か。これはどう生きるかの示唆を得ることになるだろう。どう生きるかは、おのずから他者とどう生きるかの意を含んでいる。

今は貨幣が人間の主人のようになっているし、若い世代の方は生まれたときから貨幣の価値を受容せざるをえないように思われる。なぜなら、人間生活の隅々に渡り、貨幣交換によって成立する暮らし方がわれわれの大半であるからだ。

目に見えるありとあらゆる商品がわれわれの生命を支えており、それを貨幣の交換によって人間は手に入れることができる。だから貨幣の欠乏は生命の欠乏に直接につながる、そんな暮らしの仕組みが近現代の特徴である。

先述したマッキーヴァーはコミュニティを分析するとき、対象とするコミュニティが採用している制度がコミュニティの構造である、と述べている。[41] それに従い今日のコミュニティの構造をなす主要なものは、貨幣の流通を可能なものとしている資本制の経済の仕組みがそれに該当する。この制度に基づく経済活動は、拡大し続けて今となっては世界規模の展開が行なわれていると強調しておきたい。

筆者は、二〇一四年に岡山県倉敷市美観地区にフィールドワークを行なっている。筆者は研究のためフィールドに訪問していたのだが、心は気ままな旅人である。この旅人の眼差しで物事をとらえると、風景からの智慧をいくつも授かる余裕を生むことができる。

ここからは、筆者のフィールドワークを通して知りえた地域性を有するコミュニティでの住民の口述史に基づき「人間の労働と貨幣」について検討を進める。記載するデータは一部二〇一四年に刊行された『地域社会の連帯とは何か―倉敷市住民の口述史からの一考察―』「Social Design Review」Vol6に掲載している。同書では、掲載可能な文字数に制約があり、掲載できなかった口述も本書では収録している。[42]

3　旅先での縁

筆者が旅先でその人に出会えたのは、なぜ筆者が北海道に生まれたのか、という問いの答えと似ている。偶然、あるいは地域と縁があったから。理由など知らずに人はある時代にある土地に生まれる。旅先での縁はそのくらい神秘なものである。筆者もこのとき、一期一会の旅先の交流が、時を経て文章表現に関わってくるとは予期していなかった。

ただ、旅先での小さな交流を通して筆者の心の襞をかすったものは、価値ある何かであることは知っていた。美しい白壁。日本にはどこにでも白壁はある。あちこちに似たような風景はあるが、このとき筆者は、この白壁と人間の物語を知りたいと思った。ここでの経験は筆者の暮らしのなかに溶け込み、日々の思索を導くものとなっていった。

この気ままな旅人の眼差しで知りえた住民の口述による地域史を示しつつ、近代化とともに変容した人間と貨幣の関係性を論じてみたい。

4　倉敷市美観地区の地域史とフィールドワーク

倉敷市美観地区は、ＪＲ倉敷駅から十分程度歩くとたどり着くことができる。江戸期からの家屋と景観が保持されているこの地域は、伝統的な工芸品店や大原美術館などが集積し、日本中から人が集まる観光地でもある。住民の方は外から訪れるお客に気さくに声をかける。地元の若い青年が九十代の婦人の健康に気遣い、顔を見にくる、というのも日常生活風景である。

この地域は、今から四百年前までは瀬戸内海の浅海の土地であったという。やがて浅海の広がる地域が陸地化し、現在の美観地区界隈に集落が形成された。おのずから瀬戸内海に暮らしが隣接する風土環境であったことがわかる。集落が形成されはじめたのは、天正年間(一五七三〜一五九二年)前後であるといわれ、当時の人口は六百〜八百人前後とする推計もある。

その後、寛永から承応期(一六二四〜一六五五年)の新田開発で飛躍的に発展していった。元和・寛永年間(一六一五〜一六四五年)には南部の干拓により児島と陸続きになり、航路確保と悪水排水のために倉敷川がつくられた。元禄年間(一六八八〜一七〇四年)には水夫屋敷が組に編成されて組頭が総括するようになり、一六三五年に二、五二六人だった人口は一六九四年には三、八四一人に至り、二十年間の間に人口は一・五倍に膨れ上がった。こうして倉敷美観地区界隈は近世初頭から開けていった。[43]

倉敷市美観地区[44]は、近世の江戸期においては倉敷村であったが一八五〇年の高梁川大洪水で倉敷村のほとんどが水没した。そして『新修倉敷市史』(第八巻)によると、水に浸っていない地域が、今日の倉敷市美観地区の範囲とほぼ重なることである。それだけでなく、そのなかの川や橋や道路、建物の配置までそっくりと発見し、百数十年前と同じ町並みが残っていると記述されている。

どの家も、防火のため分厚い塗籠《ぬりごめ》の白壁を整え、壁には張《は》り瓦《がわら》をつけた。厨子《ずし》二階には倉敷窓をつけ、また倉敷格子を設けた。屋根は五寸勾配《こうばい》の本瓦葺《ほんがわらぶ》きであった。

これらの町家が共同体の不文律によってつくられたことは特徴的なことである。倉敷の町は、入植者により自然発生的に形成され、下町的な共同体・商業地であり、町会所を中心に自治組織もつくられた。このような背景から、地域にふさわしい建物をつくろうとする不文律も生まれたのではないだろうか。いずれにしても、これらの建物が、後日、国の重要伝統的建造物群保存地区に選定される源になったのである。(倉敷市史研究会、1996)[45]

前章で網野善彦による日本の共同体が形成されてゆく特徴を振り返った。一般的な「村」とは室町時代に成立した「村」と「町」が江戸時代につながる。そこでは自治的かつ互助の機能を備え、江戸時代の社会の基本的な単位となった。そうして近世・江戸期の共同体は近代の原型をつくるに至った。倉敷市美観地区の場合も同様にとらえ、近世の「倉敷村」の水害から免れた地域が美観地区として後世に継承される、という特徴が反映されていると理解できる。

5　コミュニティの歴史性と住民による口述の生活史

多くの住民と小さな交流を重ねてゆくに従い、その方々が共通して背負う物語があることに気がついた。すべての住民と会話していないので、住民すべてではないだろう。

一方で、この地域が観光地として多くの人を集める理由は、この地域の伝統的な家屋の風景にある。

こうした気づきから、筆者は家屋という風土と人間の関係を探ってみることに興味を覚えた。人間と家屋の関係を明らかにするには語りの方法を採用するのがよいだろう。そんな思いから、筆者は美観地区をフィールドに研究を始めるに至った。その研究に協力していただいたのは五人の方である。その五人のライフストーリーとともに、本章の主題である「コミュニティのなかの労働」について考察を試みることにした。

倉敷美観地区

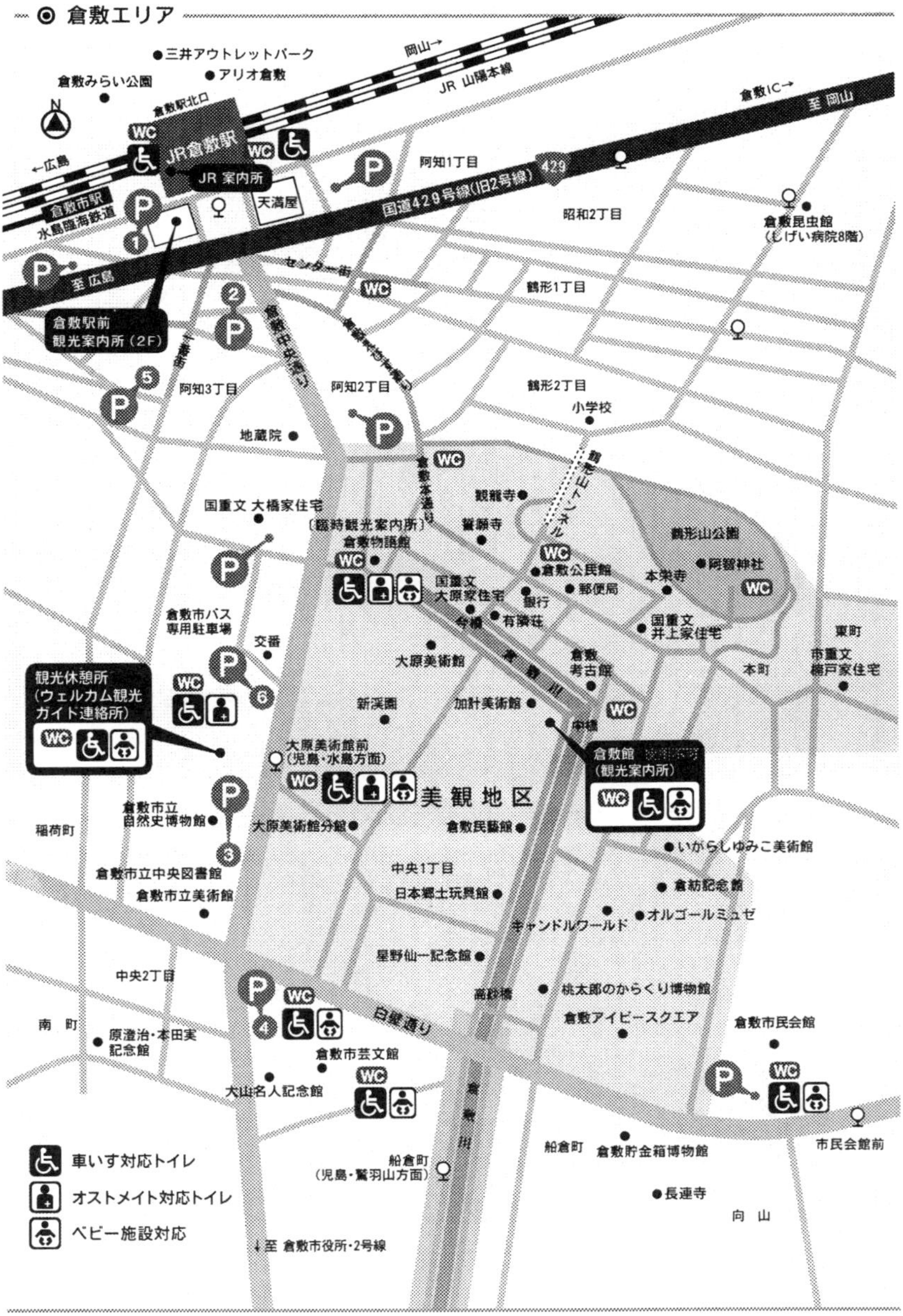

倉敷市HPより

http://www.kurashiki-tabi.jp/access/kurashiki-area-map/

筋違目地のなまこ壁

一文字目地のなまこ壁

土蔵造建物

倉敷川畔近くに切妻屋根の建物

本葺瓦の屋根

建物自体が民芸品といわれる倉敷民藝館

屋根の家紋

風情ある夕刻、東町の景観

Aさん
古いものを存続させることは倉敷の使命

Aさんは、五～六代前より倉敷市美観地区に在住する八十代の男性である。「地域と生活の歴史」をテーマに自由にお話しをしていただいた。口述の内容に沿い、筆者がさらに質問を重ねるかたちで対話を進めた。以下は、本書のテーマに対応する対話の内容をインタビューの逐語録全文から抜粋している。読み手の理解が容易になるように、意味内容を変えない範囲で口語を文語に書き直している（以下、同）。

Q　あなたの生活の記憶で印象に残っている地域の景観には、どのようなことがございますか。

A　われわれは戦争の厳しい時代に少年時代を過ごしているものですから、何も物資に恵まれん、われわれがいう子ども（時代）は、遊ぶ物さえない、食べる物さえない、というような時代だったものですからね。あの、そういう時代で戦争、戦争という印象が残っていますね。幸いここは、空襲に遭わなかったから助かっているわけですね。

岡山が焼け野原になって、岡山の復興は新しく都市をつくるというのが目的だったのですけど、われわれの倉敷というところは、せっかく焼けなかったのだから、古い物を存続するのというのが倉敷の使命だと思ってたので。

Q　その思いは、あなたの思いですか。

A　いいえ、その当時の倉敷市民の総意というのですか。岡山に負けんというのは、倉敷は物が残ったのだから、それを残すということが、使命だというように考えて残った。

Q　そういうお気持ちというのは、多くの方が感じられたということでしょうか。

A　特にうちの親父や、昔からのこういう建物を持っていた人間は、強く言っておりましたね。皆もう「家を壊したらあかん」て、言いよりましたね。

Q　あなたのお父さまの世代でしょうか。そういうお気持ちがあり、そんなお話をされていたということですね。

A　そうです。それでとにかく倉敷は、今、建て替えたり「もとのものを残していくのが倉敷のあれだ」いうて。岡山は焼けたんだから、新しいものをつくるほうが今後の発展につながるというとね、道も変える、建物もビル化する。どんどん変えていくのが岡山のやり方だっていう。

Q　あなたご自身は、保存され、残されてきた町並みについて、どんなふうに今、お気持ちを抱いてらっしゃいますか。

A　やっぱり残すべきだったと思いますよ。

Q　なぜ、そのようなお気持ちになりますか。

A　あのね、あの古い建物を見ますとね。いわゆる鉋も何もない時代に建てられた、手で削った材木なのですよね。こんなもの、一日でつくれと言われても、私は一本もできませんよ。どれだけの労力をかけてつくったものかというのが、見てわかりませんか？　これを崩して、材木になっていいとは思いませんよ。

Q　昔の方の苦労を、そういったものに対する敬意のようなものでしょうか。昔の風景と変わらない風景はどんなところにありますか。

A　それは屋根でしょう。

Q　家紋がそれぞれに入り、倉敷の独特の様式があるのですよね。

A　別に様式があるわけではないのです。家の家紋をご覧になりますか？　どうぞ見に来てください。（家紋を見るために、場所を移動する）

道具がない時代につくったものは、こういうふうなのです。（家屋を支える柱を示して）こんなものすぐに建てられますか。誰が建てられるのですか。丸太です。（見せて示してくれる）削るものがないから、皆、手で削るんです。道具がない時代につくったものです。道具がある時代なら、だーっと削ったら済むのですけれども。昔の人の努力を、ね。いい物をね、急遽新しい建物に建て替えるわけいかないんじゃ。

Q　残そうというのは、自然と湧いてくるのですね。

A　そうですね。

Q　あなたにとって、倉敷は故郷ですね。ご自身にとってどういう思いをもたれますか。

A　戦争に遭わずに焼け残ったんですけれど、災害にも何も遭っていないんですよ。おそらく五百年の歴史があって、五百年間ほとんどそういう大きい災害からは免れているのですよ。そういうことが恵まれているのですね。倉敷が恵まれている。

この海が、どんどん陸地に変わって、まず一番最初に何を植えるかというと、綿を植えんといけんのでしょう。海の近くに土地をつくると米ができない。塩水じゃ、米は育たない。だから、塩水で植えても実がなるものをつくらないと生活できん。で、一番に開拓開墾したら、綿をつくる。このへんが綿の産地だったから、綿産業がどんどんできて、児島の学生服だとか、このへんが綿産業になる。その後、米ができて大地主ができる。綿がとれだしたら、今度は田んぼがカラカラになって、塩がなくなって、米を植えるようになる。綿ができると田んぼが干上がって塩分を綿がとってしまうから。だから米がつくれる。

Q　そうなのですね。だから、人が自給自足できるのですね。

A　綿をつくることによって、塩の吸収を綿にさせるんじゃ。綿を植えた後は、綿を三年なり五年なり育てていくと、田んぼが枯れて、米を植えないといけん。

Q　倉敷には、山のほうから人が移動してきたと聞いたことがあるのですが、それはなぜ降りてこられたのですか。

A　うちらは、その山の上だから、糸を紡ぐ仕事をしていた。その綿のもとの産地へ降りてくるようになる。原綿のこともあるし、大阪への販路のこともあり、この地を求めて来た。

Q　昔の人が綿業をやろうと思ったのはなぜですか。

A　いやあ、そりゃ田んぼをどんどん新しいのをつくっていこうと思ったら、一番に綿業をつくらんといけんのじゃ。広大な土地をつくって、塩業をやるか綿業をやるか。塩業は塩をつくって、皆食べんにゃいけんから、塩業をやって土地を拡げるか綿業をやって土地を拡げるか。干拓したら塩業にするか、綿業にするか。綿業が発展して、ここが綿の土地の地主をしよるわけですよね。だから、こういう蔵がたくさんあって、お米やいろんなものが入って来たり、綿のもとは、白い玉でしょう。それが入ってるのを売買したり、糸に紡いだ物を、実家の方でつくれるわけですから、そんなものも販売したりするのが、綿業の土地をもっている。もともと産地から来とる大阪への道をつないどるという一つの生活のもとですからな。

Q　そうですか、物流ができて……。

A　物流いうても自動車じゃないんだからな。列車もないんだから、舟しかないんだからな、昔はね。それで川の近くにね。そういうところで生活しおったんですけれどもね。だから地主だから、来られるのは小作の人が「綿が何本とれました」とおじいさんやおばあさんがいう。だから子どもが遊べるような環境じゃない。われわれが子どものころには、米を持ってくるような産業に変わってきましたけれどもね。もう綿は過ぎていますよ。それは米に変わっとりましたね、われわれのころは。その米が全部取られたんですよ。

Q　**誰に取られたのですか。**

A　農地改革ですよ。「お前ら土地もったらいかん」言われたんですよ。全部小作にやれって、やってしもうた。

Q　**そうですか、いろいろな新しい制度が入ってきますものね。**

A　われわれが子どものころ、昔は大きな田んぼが、（第二次世界大戦の）戦後一銭もなくなってなあ。もう田んぼいう田んぼが、なんぼあったって、全部小作のもんやからなあ。まだ大きなころ、人間が急遽、一銭なしのあれに落ちるんやからな、農地改革いうのは。それでまあ、われわれの子どものころの様子。

Q　**その土地を上手に生かすのが、歴史を大事にしようと思うのかもしれない。それが、暮らしやすい地域をつくるのには、大事なのかな。この景観がなかったら、もっと人が離れていったのかもしれないし。都会化していたのかもしれない。**

A　そうやな、それ（古い家屋）がなかったら、新しい都市になっとるやろうな。そういうことで、異色な都市開発をしたことになるじゃろう。ちょっと変わっとるなあいう、都市開発したことがプラスになった。だから人が来てくれるんじゃろう。大原さん（大原美術館を設立した実業家である大原孫三郎氏のこと）がおったから、美術に視点を訴えることが、玩具に着目した一端かもしれない。

Q　町の人々の様子にはどんな印象がありますか。

A　その当時はこのへんも繁華街はにぎやかでしたよ。このへんには大きな商店がないでしょう。皆、大きな屋敷をもった家が多くて。この隣が産婦人科の何軒かしかありませんが。このままを美観地区にしょういうのを、五十〜六十年前に言い出した人がおってね、民藝館（倉敷民藝館）ができとるし、考古館（倉敷考古館）ができとるし、美術館（大原美術館）があるし、何かそういうことをしないといかんというて、建物を利用して玩具館（日本郷土玩具館）をつくったんやけどな。

Q　そのあたりの運動は、一緒にされていたのですか。

A　親父がおったから、親父が活動していた。

Q　町を守ろうという動きは、やはり住民のほうから始まったのですか。

A　幸いに参考してやってきたのが、考古館、戦後に民藝館、その前に大原美術館が昭和五年にできてきて。そういうへんが先行しておったから。さらにその引き続き継続して文化都市にするのが倉敷の生き方かなあ、というのは、あったと思います。

Q　その倉敷の生き方というのは、どういうものでしょうか。

A　あの、倉敷というところは大原さんなんかの綿業のクラボウ（倉敷紡績）をつくる綿業の創始者ですよね。大原さんがおって、その大原さんが文化を倉敷に導入したのが美術なのですよね。それにもっていって、労働科学研究所（倉敷労働科学研究所のこと、現在は、大原記念労働科学研究所＝東京）とか、大原中央病院（大原記念倉敷中央病院）とか、そういう研究分野を非常に高めたんです。そういうことで、考古館もつくられました。それに誰もが従ったということでしょうね。大原さんについていく人が町の何人かがいたっていうことでしょうね。

Q　今、この地域の景観が残っている意義は。

A　よかったなあと思う。そういう元の建物を有意義にしたい思いから、倉敷市もそれに乗ってきているから、崩せんのでしょう。意義があるものだから壊してはいけない。

Q　**意義があるというのは、たとえばどういうよさでしょうか。**

A　それは美観地区をなくしていいんだったら、皆新しい生活をすぐにできますよ。

Q　**そうしないのは、どんな気持ちから、そうしないのでしょう。**

A　それはわれわれも、そうせずに頑張ろうという意思があるからなのです。

Q　**どういうところから、その意思は生まれますか。**

A　それは、やはり昔の建物を労働力が、大したもんだということでしょう。集結しとるものでしょう。それを急遽、新しい暮らしのため（古い昔の建物を壊して）、もの、材木に置き換えたくはないという意思はありますね。

Q　**白壁の建物は他の地域から人が集まる理由の一つと思いますが、本来は防火のために白壁（漆喰）にしているのですよね。**

A　そう、防火のためです。

Q　そこで美しいと皆が思うのは……。

A　美しいですよ。そりゃ手をかけてるもん。似通ったものとは、全然違うもん。美しさは、手をかけるだけたくさんあります。手がかかっているから大事にしたいし、直すったって、あれだけのことをしようと思ったら、この壁とこの壁どれだけ違うと思うか。

（場所を移動し、実際に江戸期につくられたものと、それ以降につくられたものとを比較して示してくれる）

ねえ、この屋根の瓦一枚を守るために、この瓦が新しい瓦だよ。この屋根見てごらん。この上の瓦は皆新しいんよ。この下の瓦は古いんよ。もう一回つくろうとしたら、つくれん。それだけじゃないけれど。

Q　後、ほかにあるとしたら何でしょうか。

A　せめて先祖が残してくれたものだから、われわれの代では、壊さずにとっておこうということか。

Q　ではもう一度最初のお話しに戻るのですが、この景観とご自身の生活の歴史のところで、記

憶に残っているものをもう少し教えてもらっていいですか。

A　倉敷にな、祭りがあるやろ。五月中旬が祭りや。今から三百五十年くらい前に京都へ行った詩人が「倉敷も祭りをしたほうがええぞ」と言って、祭りは京都みたいににぎやかな祭りができるのも、この田舎といえども導入すればええんじゃないかと、京都みたいな祭りを倉敷にも持って帰ったらええと、京都へ行き、御神輿《おみこし》を頼んで帰ってきたのが三百五十年程前の話じゃ。で、倉敷に八月の末から九月の一日を祭りにして、三百〜四百人の列をつくるねん。そのときに、年寄りが「もうわしはいかれんけん」と言い、面をつくって若い人にかぶらしけん。この若い衆の列につけてくれっていうのが「素隠居《すいんきょ》(注)」ていう一つのお祭りの伝承になる。それ今、素隠居いったらにぎやかな一つの行事になっているな。「わっしょい」って言いながら踊る。そういうことになっていくのだけど、もともとが三百五十年ほど前に、京都から帰ってきた者が三百人の列をつくって町中を歩こうとした。そのなかの一人が、親父の神輿太鼓というのがある。太鼓をドーンドーン、ドンドンドーンってたたく係がおってのう。「わっしょい」って練って歩く行列がおって、歩くんだ。明治になって世のなかが変わるころ、新政府になってそういうことが変わっていくような世のなかになって、持って帰るときに、神輿と一緒に素隠居を持って帰る。町中を走る素隠居になった。今では、後ろに隠れとった素隠居がどうにか神輿を安全に進行していくうえでの交通整備する人に変わっていくんだけれどもな。素隠居なんかは、町の一つの大人気者になっていく。ずっと続いている。それが倉敷の町の風物詩になってにぎやかになっている。で、そういう素隠居踊りもできたりしてな。それが、戦争が始まったころには、兵隊として、皆、戦争にとられちゃう。そういう行事がなくなってな。若い人が全部軍隊にもってかれた。女子どもばかりになるから。

Q　なくなってしまったのですか。

A　また戦後に復興した。素隠居のお陰じゃろう。あの素隠居がなくなったら倉敷が成り立たん。夫人らが「わっしょいしょい」って行列をするから、素隠居を復興させないといけないとなったんだろう。

Q　戦後に復活したのは、町の人がですか。

A　おばあさんが「やろう」いうたんだ。若い人が戦争に行っておらへんから。死んでしもうたから、年寄りも力で倉敷を盛り立てようとしたのがおばあさんや。本当のおばあさんや、素隠居の隠居だから（素隠居に関する書物を示してくれ、一八四七年の記録とされていた）。これが始まり。お祭りが始まるときに、素隠居が一緒に生まれとる。道具は京都から持ってきたが、素隠居は倉敷からできとる。戦後はおばあさんが、あれしたんや。戦争のお陰でおばあさんが出てくるんや。昔は男性が面をかぶって走りおうた。

Q　男性にしても女性にしても、町を守ろうとか、つくろうとか、活気ある人が多い気がしますね。大原さんや彼に賛同した人たち、そしておばあさんたちにしても、そういう人が多い気がします。なぜ、そういう気持ちが生まれるのでしょうかね。

A　多いなあ。面白いなあ。「えっさこいさ」って踊るんや。その一端をわしらも担いだんや。倉敷を守るのはわしらの道や。何ででしょうな。素隠居も何代も形が変わって、つながってきたんや……。（そう言って笑う）

（注）秋祭りにジジ・ババの面を被った主に若者のこと。素隠居の誕生には二つの説がある。一つは、江戸時代、戎町（当時は宮元町）の宰領・沢屋平田善兵衛が高齢のために奉仕が困難になったことから、人形師・柳平楽に自分たちの面をつくらせ、店の若衆に被らせて御親幸に代理参加させたこと。二つ目は、沢屋平田善兵衛と坂本屋沢屋平田善兵衛が寄進した雌雄二つの獅子にジジ・ババの面がついていて、獅子の使い手であるジジ・ババが獅子の休息時間に子ども相手に走り回って愛嬌を振りまいたことに由来する、という説である（吉原睦、二〇一一『岡山文庫273倉敷美観地区―歴史と民族―』日本文教出版株式会社、一二〇〜一二一頁）

Bさん
倉敷の町と大原家

次の口述史は、同じ美観地区内に在住する地元の工芸品店を切り盛りする八十代の女性Bさんの生活史である。主題とインタビュー方法は、Aさんと同じである。

Q この地域の生活のなかで、あなたの歴史を伺いたいのです。遡ると、ここの風景も違ったと思うんですが。

A でもね、空襲受けていないから、そのまま。私なんかが昭和十三年女学校に入学して、十三歳。線路から向かいにある小学校でした。その前が尋常小学校。ありがたいんですよ。健康でないと行けないね、学校までは、歩いて二十分はかかっていましたね。だから健康ですよ。二十分、毎日。昔は雪が降って、積もっていましたよ。昔は、私なんか長靴履いていたかな。革靴を買おうと思ったけれども、店の棚が空っぽで革靴はなかった。母親の下駄を履いていきました、素足で冬も下駄。昔の人が（寒さに）強いというのはよくわかりますよ。そういうのに、やっぱり我慢して打ち勝ってきとるから、孫に「贅沢、我がままは、駄目」って小さいときから、幼稚園からよく言ってきかせましたよ。

それから、妹が一つ違いで、弟が二つ違いで、残っておりますね。妹もどこも悪くない。いつも電話かけてくれる。兄弟多いのは年とってありがたいと思う。私の親戚にぼけた人は一人もいない。だからぼけないでいれるかなと思う。これは本当にありがたい、お客様のおかげ。

（窓から、本人に手をふる孫家族（孫夫婦、孫二人）が通る、それを見て）

「行ってらっしゃ〜い」と声をかける。少し会話をして、孫家族が見送る。

（一時、休憩）

A　ここは昔の街道ですから。大昔は知りませんよ、私がまだ女学校へ行っているころ。倉敷は空襲を受けていないから、ここは倉敷が幕府直轄の天領だったから、倉敷が街道だったでしょう。昔は、お店、前のお提灯屋さん、のれんが掛かっているでしょう。ここが六代で二百年続いたお提灯屋さん。今も、お提灯屋さんをされています。この春と秋、阿智神社の氏神様のお祭りに、夜にはお提灯が下がる。夜は、ロウソクがつきます。だから風情があるのですよ。ビルの谷間に提灯をつくっても映りませんけれども、こういう昔ながらの建物でお提灯はよく似あいます。東京の方からよく人がみえて、夕方にはお提灯をよく下げるんです。「ばあちゃん今日、何かあるの？　お提灯が下がっているわ」と言われて、「夜はね、おロウソクがついて、明かりが灯るの」というと「うわあ、嬉しい。それじゃあ宿からお提灯映してこよう」といい、なかなか風情がありますよ。私も、お提灯を下げて、近所の人が、家からわざわざ来なくても、ロウソクを消してくださるからね。ありがたいです。昔ながらの、ずっと昔から住んでいる方でしょう。だから、隣近所がよそから見えた方じゃないからね。だからもう、人はそれぞれわかっているしね。近所はいいです。

Q　どんなふうにいいですか。

A　それは、都会だったら「隣は、何をする人？」でしょう。だから、今日はご主人姿が見えないなあ、どうかなさったのかと思い、奥さんに「ご主人調子が悪いの？」と聞くでしょう。いつも見かける人がいるとか、事故なのかとか……そういうことはありますよ。都会の何をする人ではないからね。だから、まあそれはいいですよ。空襲も受けていないですし、私なんかもずっと住んでいるからね。なんか親戚みたいなものですよ。私なんか隣裏でもなんかつくったら、「はい、おあがり」と。私なんか裏に私と同い年の人がいるんだけれど、一人住まい、だからね、なんかつくったらおばちゃんに持って行ってあげようと思い、「おあがり」とお野菜など届ける。そうすると「助かった」と言ってくれる。おばちゃんは、一人でしょう。今は娘さんが、京都から帰ってきているが、連休なんかじゃ、娘さんが心配でしょう。だから賑やか。あんまり戸が開かなかったり、明かりがなかったら、すぐに行ってみて「調子が悪い?」と声をかけたり。もうなんかあったら、お医者さんに言わないといけない。都会はそういうのはないけれども、昔は、何十年も住んでいたら、やっぱり近所で「おはよう」言うて、何も言わなかったから「どうされたのか」と思いますよ。

Q　**何が、そういう気持ちにさせるのでしょうか。**

A　そういうのはありますよ。やっぱり、都会だといろいろな地方から人が集まるでしょう。地元で何十年も何代も住んでいたらね。昔から知っていらっしゃるから。深い親戚じゃないけれども、親戚みたいな感じですね。だからもう裏からでも「ちょっと今日これつくった〜」と言ったら、窓を開けてみる。ありがたいです。都会ではそういう生活はないです。

Q　**そういうお気持ちは、いつごろから生まれているのですか。**

A　もう大昔からですよ。私ら子どものころも、結婚してこっちだけども、私は線路から向こう側ですが、もう、昔からそうでしたよ。子どものころから。やっぱり、じいちゃん、ばあちゃんも優しかったわ、やっぱり。おばあちゃんが「おにぎり、持って帰っておあがり」と、くださったり、今のお方は皆そうなんですよ、私なんかでも。ご近所の人が「菜っ葉ができて、できすぎたけれども」ってちゃんとくださる。辺りはお百姓さんが多くて、しょっちゅうお野菜もらって帰るから、安心していただけますよ。あまりたくさんだったら、お隣へお互いに差し上げたり。これは都会ではないのかな、もう何十年も。

Q　何十年、長くここに住んでいるというのは、どういう意味ですか。都会と何が違うのでしょうか。

A　やっぱり人間が違うでしょう。都会はいろいろなところから集まってきているでしょう。ここは地元の人が多い。結婚してくればその土地の習慣とか、その家の習慣の習慣がある、それになる。私は都会になんか住もうと思いません。田舎はいいですけれども、岡山県の田舎はまだいい。私は、両親が田舎出身でしょう。倉敷もよそから来られた方が多くなりました。やっぱりいろいろなお店が新しくできるでしょう。そうするとやっぱり違います。昔とは違います。やっぱり昔とは違っても、こちらに住まわれて、ここの方との交わりがあれば、やっぱり、その方もそういうふうになるからね。

Q　外から来た人でも、倉敷の人と交われば馴染んでくると話があったのですが、そのことにつ

いてもう少し詳しく教えてもらっていいでしょうか。

Ａ　馴染んでくるというか、皆さん人当たりがいいから、やっぱりそうなるんじゃないでしょうか。付き合う人がいいから自然とそうなるんじゃないかな。お店に行ってもそうだし、ご近所の人もそうだし。自然にそうなると思うのですよ。やっぱり環境。人間は環境によって支配されますでしょう。

Ｑ　あなたの言われる環境は風景ですが、江戸時代の風景を守ろうという動きは、どうして生まれたと思いますか。

Ａ　それは大原さんのおかげ。私はすばらしいと思っている。大原さんのお陰で空襲も受けていない。美術館は昭和五年（にできた）、世界的名画がある。岡山は空襲で（焼けた）。私なんかは昭和十九年、女学校卒業。すぐに挺身隊《ていしんたい》で私は軍のほうに行った。その当時は工場全部が軍のものとしていた。皆、兵隊さんばかり。大きなトラックの荷台に私一人乗って、道がアスファルトじゃないから、こんなになる（身体を揺するしぐさ）。それで、私、班長さんが「しっかり持てよ。放り出される」と言われ、大きな声で言うから「わかりました」と言うと「わかったか〜」と言う軍人でしょう。そうすると、岡山駅のところ、びっくりしました。戦争ってこんなものかと思った。倉敷（に）は、（爆弾は）どこ（に）も落ちてない。それとこれより広い川が、空襲で死体の山。川の中に入るところがない、私はいまだに忘れない。道のほとりには、ゼロ歳の赤ちゃん、保育園幼稚園、青年、小学生、おじいちゃんおばあちゃんの死体があった。それを十九歳のとき、この目で見て、いまだに忘れない。「もう戦争はだめ」って思いますよ。倉敷はどこも落ちていない。本当に、ありがたい。大原さんのおかげと、美術館は昭和五年に建てたから、世界的に有名だから。終戦になって倉敷はどこも落ちていない。戦争で、日本は負けましたけれど、倉敷（に）はどこも落ちていない。それで今現在、全国、北海道から沖縄までお客様が見えるんです。

Q　あなたにとって倉敷の、特に美観地区の地域はどういうものですか。

A　昔ながらのそのまま残っているのは、私なんか子どものころから見ているでしょう。だから、家の前のお提灯屋さんでも、六代二百年続いたお提灯屋さんだしね。家も、ここのご主人が、まだ私より若いんだけど、亡くなったのですが、ご健在のときに、お提灯もつくってもらって、お祭りにはお提灯を下げるんですけれど。やっぱり倉敷はいいです。すべて大原さんのおかげなんですよ。

Q　大原さんのおかげとおっしゃいますと。

Ａ　大原さんが美術館のような世界的名画、今はもう全国から美術館に見えますから——世界的名画があるというのは、ありがたい。というのは、あの絵を集められた小島虎次郎さんは、岡山県北の田舎の出身。それで大原さんが、あなたは絵を今の東京芸大（当時の東京美術学校）に習いにいってらっしゃい。私が面倒みます。そう言われて、小島さんは卒業されて、ヨーロッパへ三年、絵を勉強してきた。行かれて、小島さんが大原さん私の目の前に立派な絵がたくさん。それは小島さんが勉強して絵を見る力もあるから。私の目の前に立派な絵がたくさんあるんです。倉敷は大原さんのおかげ。（倉敷）アイビースクエアはホテルですが、倉敷紡績会社。駅裏も紡績会社。倉敷レーヨンは動いています。皆、大原さんです。倉敷中央病院、あれも大原さん。昭和三年ぐらいにお建てになった。すごいですよ。「倉敷市の発展のために」と、言われたのを聞いているのですよ。子どものころから。

（お客さんに声をかけられ対応するため休憩）

Ｑ　地域の人々についての気持ちを教えてください。

Ａ　それは昔ながらの、江戸時代からの、いいですよ、倉敷の人は。もう、昔からだもの。空襲を受けていないから、大昔から住んでいる人だもの。それは違います。

Q　どんな違いですか。どんなところがいいですか。

A　どんなところか、わからない。都会の人と接していないから。都会の人は、「隣は何をする人」でしょう？　関係ないようなそういう感じじゃない。だけど、ここなんかは、ちょっと怪我したり、「いやあ、ちょっと調子悪い」とか言って入院したら、お見舞いに行ったり、お見舞いをしたり、いろいろあるんですよ。で町内会で皆、お見舞金を出して、それはもう、町内の人みんな、一丸となって。都会はそうじゃないと思うんですよ。昔ながらだからね。

Q　一丸としているというのは……。

A　昔からいるからね、お互いに。でも、本当にもう一軒一軒、他人ではないような感情なんですよ。もう、町内が。そりゃ、都会は、隣は何をする人、転勤もあるし。はっきり言って、どうなっているかわからないけれども、昔から、息子さん、孫からひ孫から、代々の顔ぶれがわかっていますから。

Q　わかりました。風景、江戸時代からの、あなたにとっては当たり前かもしれませんが、どう思いますか。

A　私なんかは、よそへ、都会の人が「とてもいい街並みですね」と言われるけれども、私なんかは、岡山も焼け野原になったから、岡山へ行こうとは思いません。昔の岡山を知っていますから。小学校のとき、岡山空襲で焼けて、行こうと思いません。全然、雰囲気が違う。年をとって、腰が痛いから行けません。もう倉敷がよろしいです。

Cさん
人情に厚い倉敷の町

次の口述史は、同じ美観地区内に在住する地元の小売り店を切り盛りする九十代の女性の生活史である。主題とインタビュー方法は、これまでの対象者と同じである。

Q　あなたの生活の歴史と、この地域について教えてください。ここに住み始めたころのことを何か教えていただきたいのですが。

A　もう終戦時でしたから、倉敷は全然、空襲も受けておりませんけれども、今の形の家並みではありました。岡山はもちろん、空襲受けて、焼け野原になりました。私の生まれ育った大阪は、焼け野原で天王寺のほうに居宅があったのですが、お店は船場にあり、船場まで焼け野原でした。

Q　そのころの風景は、今とあまり変わらないのでしょうか。

Ａ　岡山もあちこち焼けていた。

Ｑ　**美観地区の辺りはどうでしたか。**

Ａ　私が、いわゆるお見合いで、倉敷に来ましたときは、ちょうど奈良の駅前のような感じでした。昭和二十年に卒業して二十四年ぐらいにお見合いしたんですから。岡山の駅前の感じではないんです。空襲受けてないですから。

Ｑ　**どんな景色なのでしょうか。私も、その奈良の駅の風景を見たことがないものですから。**

Ａ　ちょうど、日本瓦の「ああ、奈良のような町だなあ」と思いました。

Ｑ　**そこで生活してらっしゃる人々はどんな雰囲気でしたか。**

Ａ　当時、何もない時代ですから、女の人はモンペ姿で、それから、防空頭巾をよくかぶって歩いていました。戦後で（昭和）二十四年ぐらいには全然戦争もないし、だからね。米軍も姿を見なかったですわね。まあ、平和に戻っているという形ですわね。ですが、今のようなタクシーなんて全然ないですね。皆歩くか、自転車に乗って、それから三輪車という荷物を後ろに載せられるもので配達したりしていましたね。

Q　そこでの、そこからのあなたの倉敷の生活はどんなものでしたか。

A　ものはないしね。いわゆる、どう言ったらよいのでしょうか。当時、闇市、闇米を買いあさるとか、そういう正規に米屋さんに行っても米はないのだもの。だから、お姑さんは、おばあさんのお里が倉敷に近いのですが、自転車で三十分くらい。皆百姓ですから、米には困らない。食べさせることには心配ありませんから、というて。見合いのときにそんな話をしていた。

Q　人との付き合いは、今と変わりましたか。

A　隣近所ですね。いわゆる身内のような付き合いですね。

Q　身内のような付き合いというのは、たとえばどんなものですか。

A　どこどこの子どもさんが喧嘩したと聞いたら、わがうちのことでなくても、その仲裁に入る。「このガキどもは何をしよるのか」と叱って、「そんな悪さしたらいけん」言うたりね。

Q　その身内のような気持ちは、なぜ生まれるのでしょう。

A　どうでしょうかね。苦楽をともにするというあれじゃないんですかね。

Q　そういうお気持ちは、その隣近所の方に対してということですかね。

A　今とは、全然違いますわね。

Q　違いますか。昔とどう違うのでしょうか。

A　もう、よくご近所のお母さんのお友達がやってきて、じゃじゃじゃじゃと家に入り込んで、「ちょと聞いておくれ」って愚痴話をする。世間話をする。それから、「痛い、痒い」いうたら「私がね、何してあげる?」いうてね。それこそ、肩揉んであげたり。うちのな、子どもの娘のお稽古ごとに行かんとか、遊び歩いて、言うたりして。おばあさん、お母さん同士が話して「どういうふうにしたらええか」話し合う。私なんかも長男できてから、一番下の妹が、卒業後にこっち帰ってきて、お勤めじゃないが、先生みたいな仕事をしてた。帰ってきたら、子どものお守りをせい、それで、抱いたり、守りをしてくれた。

Q　それは隣近所の人たちに抱きやすい気持ちですか。何となくわかるのですが、なぜなのでしょうね。

A　そうですね。まあ、どういうのですか、一体化いうんですかね。私が思うに、隣近所の人は、親兄弟と同じような、あれいう、当時の生活の基本ですか。

Q　**当時の基本は、どんな基本だったのですか。**

A　よくわからないのですが……。

Q　**こちらに来たときから、そういう雰囲気、基本というのは、おありだったのでしょう。どうやって生まれたんでしょうね。そういう気持ちは……。**

A　どうなんですかね。この戦争でものの考え方の基本が変わりましたな。

（話の途中、外から青年が手を振りCさんに声をかけ会話が始まったため、インタビューは中断した）

Q　**今の方はご近所の方ですか？　お孫さんのようでしたが、優しいですね。**

A　いいえ、あの人は、おばあちゃんが私と同郷の人。だから、小さいときから、そのおばあちゃんとお母さんとが友達でしょう。同じところから嫁いだんだから、だから、ようその手をつないで二つ三つのころ、連れて、だっこして。そやから、「おばちゃん長生きして」っていう。

Q　**微笑ましい話です。**

A　「大きくなったなあ、あんた」っていう。

Q　**考え方が変わってきたとおっしゃったのは、いつごろからと思いますか。**

A　いわゆる、親子兄弟は一つ家で同じご飯を食べて、今頃はまあ、そういう家庭は、ほとんどないです。結婚と同時に（別居）。そういうものが結局、変わったんじゃないかと思います。

Q　**いつごろでしょうか、感覚として……。**

A　裏の息子が結婚して、今は六十一歳ですから三十年くらい前から、ずっと変わってきたんじゃないですか。

Q　**じゃあ、八〇年代、そうかもしれないですね。ここに来られて、ずっとそう変わらないものも基本のなかには、あるのかもしれないですが。**

A　そうですね。これは日本全体の問題ですよね。日本人の生活のあり方っていう。一つ家のなかで、それぞれの立場の仕事をし、そしてあるいはちゃんと煮炊きして、それを与えられたものをちゃんと食べて、学校へ行くものは学校へ行って、弁当をこしらえてもらって、そういうのが今頃だんだん、親子の間では、ですけれど。おじいさん、おばあさんと同居いうのが、だんだんなくなってきました。

Q　そういうところから、なくなってきたのではないでしょうか。今の近所付き合いのなかでは、もうさっき三十年くらい前から薄れてきたとおっしゃられた。でも、親戚付き合いのようなものは続いているという。質問を変えまして、あなたにとって、保存されてきた大事にしてきたことは、人々にとってどういうことと思いますか。

A　いいことじゃないですかね。

Q　なぜそういう気持ちになったのだと思いますか。

A　せっかく、昔から代々続いて、為してきたんだから、どう言ったらいいのでしょうか。

Q　あなた自身は、この風景を守っていきたいと思うことはありますか。

A　それは思いますね。しっとりと落ち着いた、こういう家並みというものは、一朝一夕にできるものではないですよね。

Q　**その風景はご自身にとって、どういう意味や価値があるのでしょうか。**

A　心の落ち着き。

Q　**たとえば、別な言葉でいうと……。**

A　都会だったらビルがだーっと並んで、非常に活気はありますけれども、安らぎいう、ああいうものがないじゃないですか。

Q　**こちらには、たとえば何が、どういう安らぎがあるのでしょうか。「安らぎ」は別の言葉でいうとどんなものでしょうか。**

A　いわゆる「ほっとして」。私のこれが、いつになっても、家であり、皆が求めて帰ってこられる場所。何の遠慮もなくね。その、子どものときには、そういうことはわからないでしょうがね。小さなボロ家であってもね、とにかく何の遠慮も要らんし。これがわが家。

Q　**ここにいる人にとってこの町並みは、どんなふうに感じているのか。**

A　そりゃ皆さん、いいところと思っているんじゃないですかね。それでも、借家の人は郊外地へ土地を求めて出て行きますが。

Q　あなたの生活のなかで、この町並みはもう一つ別な言葉でいうと、生活と町並みという点でどのように表現できますか。さっき話された「ほっと安心できるところ」というほかに、たとえば人とのつながりであるとか、そのような点ではいかがですか。

A　昔のほうが人情は厚い。私がここに嫁いだころから見れば、今は非常に淡白になりますかね。

Q　そうかもしれないですね、人情とは……。

A　結婚した当時は、お母さんが、あなた「どこだかさんは、着るものにうるさいから、立ち止まって何も言われんようにな」。新嫁さんだから、あんまりな格好をしちゃいけんから、着替えたりした。そのおばさんがみつけたら「あんた」と呼び止めて、「直してあげる」としたり。ええものをな、整えて嫁に来とるとか、なんとかかんとか、あんなことあった。今そういうことをする人は誰一人おらんですな。身内でもないのにね。それから、箸の使い方、教えてあげたり、一本箸で食べるものじゃないとかなんとか。ごはん食べるときに肘をついてご飯を食べてはいかんとか。それは親がちゃんとしつけることですよね。

Q　昔の話に戻るのですが、こちらに来られて、そのときの記憶で、長年、六十年近くこちらに

お住まいになって、思い入れは何かありますか。

A　同じ家に、同じ形でね。主人が、冥土へ行って二十九年目ですか、それが未だに考えるのですが、彼が今、生きとったら九十四歳じゃなあと思ってね。九十四で、二十九か三十歳で確か結婚した。彼の学校を出て、満州へ貴金属会社に就職した。満州に（満州農業移民百万戸移住計画で）移住した人たちも戦争末期になると、現地召集され、南方へ送られた。彼も招集で南へ送られて行く途中で、沖縄戦にぶつかってそれで沖縄にあがって、沖縄には珊瑚礁の島がたくさんあるのですが、その沖縄戦が始まる十日ほど前に主計将校だった、彼は兵隊十人程連れて珊瑚礁の島へ、軍の用事で行っとったら沖縄戦争が始まって、本当に帰れんようになった。それで半年間、その島で鉄砲もない裸でどうにもできん、海を眺めてくらしていた。八月十五日になったら、突然に飛行機も飛ばんし、何もせん、「おかしいな」と思ったら、日本の兵隊を乗せて、終戦になったから、君たちを迎えにいくから、抵抗せんように、待っとれと、ビラが降って来た。それで終戦を知ったわけ。それで本当に帰ってみたら、上から下まで誰一人生きとらせん。誰一人、生きとらせん。そういって話を聞きました。

Q　その一体感というのを、もう少し別の言葉で表わすと、何がそうさせるのでしょうか。

A　やっぱり、われわれが日本人であるからかなあ。

Q　日本人だから、とおっしゃいますと。（途中、来客のため中断）

A　私が子どものころに遠足で奈良なんかに行きますが、大阪でしたから。そしたら奈良公園で並んでお弁当食べたりして。そういうのが、奈良のいいところと思って大きくなっていますよね、大阪ではできないことだから。そういうのが、倉敷に来てみて、奈良のような町だと思った。建物も、ボロの今の建物じゃなかったですからね、木造の。駅前、感じがよく似てましたね。

Q　どんな感じなのでしょうか。

A　写真があるとね、だけども、まあ、普通の木造の、左手に切符の売り場があって、改札口で――木の自動でない――駅員さんがいて。普通の駅じゃ。

Q　駅を見て、奈良みたいと思ったのですね。この町ではなくて……。

A　そうそう。

Q　最後に、この地域とは、どんな印象をもってらっしゃいますか、雑駁に……。

A　大きな町じゃなくてこじんまりとした、結婚した当時は人力車が、今のタクシーのように待っておりしましたね。駅から家に帰るまでの間、「奥さん、人力いらんか」言ったりしたね。それからお医者さんが往診に来るとき、かならず人力車。知らないですか。

Q　知らないです。

A　内科の先生の往診いうたら、人力車。必ずお医者さんは、人力車。お医者さんの往診いうたら人力車。お父さんが亡くなったときも、先生のところに飛んで行って、「お父さんが様子おかしいんです」言うたら、すぐ「往診いきます」言うて、人力で来られた。まあ、生活の変わったいうたら、今はタクシーですよね。生活の様式変わりいうたら、そういうことですよね。それから、昔は子どもが塾に行かなかった。学校から帰ったらもう、鞄を放り込んで、野球したり、ドッチボールしたり、あんなことして、しおったわね。

Dさん
人と人との触れ合いを大事に

次の口述史は、同じ美観地区内に在住する地元の小売店を切り盛りする六十代の男性の生活史である。主題とインタビュー方法は、これまでの対象者と同じである。

Q　あなたの生まれは、どちらでしょうか。

A　ここです。この家で生まれました。

Q　では先代からの店を引き継いで生活してらしたのですか。

A　自分たちが始めたんです。家内が先に始めたのです。

Q　生まれはここで、お二人で生業をされているのですね。こちらには何年くらいお住まいなのでしょうか。

A　私はもう六十年以上になります。親がちょうど、終戦直後くらいにこちらに出て来ています。うちはもともと倉敷の北西にある町、倉敷市ですけれども、そこから出てきていますから。

Q　そのころの生活の風景は、今と比べてどうでしょうか。

A　私がここで生活して隣近所とは、もう親しい仲ですよね。私が生まれたときが終戦直後でしょう。もし、家に食べ物がなかったら、隣のおばちゃんが食べさせてくれた。それと夏になると、隣が畳屋さんだったんですよ。そこへ畳を表に出して夕方に夕涼みをしていた。

Q　生活の大まかな雰囲気はどのようでしたか。緩やかとか……。

A　昔はのんびりしてよかったですよ。車もそんなに通らないし。もともと、表通りなんです。今は反対になっていて、皆さん裏通りというのも、もともとは表道だったのです。

Q　まわりは商売をされている方が多かったのでしょうか。

A　いや、昔はこのへんだったら、前に路地面に向かって八百屋さんをやっていたし。それに、すぐそこが道に通っているけれども風呂屋さんがあって、その隣の角っこには八百屋さんがありました、その程度です。後は、それぞれ下に行って、貸本屋さんがあったのかな、その前に靴屋さんがあって、自転車屋さんは当時からありました。その程度です。

Q　今も変わらないものと、変わったものがあると思うのですが、変わらない風景、残っている地域はありますか。

A　二年前に電柱を抜いてしまったので、それが変わったかな。道が広く感じるようになった。私がその活動の窓口をやっているもので。このへんで昔から住んでいるのは、私が一番若いくらいです。後から入って来た方が多いです。

Q　そういった社会活動に参加されているのは、どういったお気持ちからですか。

A　昔のものを残したい気持ちがあるのですよ。昔、あそこは川だったんですよ。工事していたら石が出てきたものだから、それをもとに戻そうという動きがあってね。

Q　その昔のものを残したいお気持ちはどうしてですか。

A　後々まで、ここに川があったんだというのを皆さんに知らせたい。

Q　知らせたいと思うのは、なぜですか。

A　その昔の名残りがあるから、私は昔のほうがいいですけれども。

Q　どういう点が昔のほうがいいと感じますか。

A　伸び伸びして、川があるときには、よく飛んで遊んでいたくらいです。今はなくなったから、どう言っていいのかね。なんか、もうどう言っていいかな。川があって失ってしまったのが、なんか、後から入って来た人がよそ者みたいになるでしょう。本当は、どうしても昔からおられる方とは密になる。

Q　密になるというのは、どんなふうですか。

A　さっきも言ったように、ちょっと何かあったら「貸して」というような感じじゃないですか。

Q　そういう間柄、昔は築けたということですか、それはどうしてですか。

A　どうしても私、若い者がだいたい出て行ってしまいましたよね。私はここで生まれて過ごして。本当だったら、出て行きたかったのだけれども、後を継がないといかんというのもあって、そしたら、どうしても残るでしょう。本当に僕らの友達はいないです。だから、たまたま会ったら懐かしいですよね。

Q　懐かしさというのは、どういったところからくるのでしょうね。言葉にすると、難しいのかもしれないですが。

A　いろいろなことをして、お客さんとの関わりもあるし。今はもう、どうしても昔を懐かしいと思うけれども、店をした以上は、お客さんに昔のことを聞かれたら話すけれども。

Q　倉敷の美観地区というのは、ご自身にとって何であるのでしょうか。

A　どういったらよいのでしょうか。（長い沈黙）本当に昔の建物を残してはいるし、また改装して、違う職種が入って来て（商売を）やっているでしょう。本当の地元の方がやっているんじゃなくて、よそから出てこられた方がやってしまっているのですね。だいたいのお店はよそから来た方が多いです。

Q　そうなんですか。地元の方もいらっしゃるけれども、外から来て商売をされる方もいるのですね。たとえば、後から外から入って来た方との関係というのも、ずっと地元の人とは違うと思いますが、外から入って来た関係とは、どのような違いがあるのでしょうか。

A　ちょっと、とっつきにくい場合もありますね。同郷だと、どこかで関わりがあるでしょう。

「こっちのほうに店、出したの」とか、それと、後よそから来られた方は廻ってきてくれて「どうかな」というのはあるけれども、いつまで店を出すのかな、というのはある。

Q　昔から顔を合わせる仲というのは、どういうところが違うのでしょうか。また、どう違いがあるのでしょうか。

A　昔から顔を合わせるというのは、何か一緒に遊んだりしているでしょう。学校なんか違っても。それがないですね。そやから、住んでいる方とは、すぐにお話できるでしょう。

Q　ちょっと話が戻るのですが、地域に貢献する気持ちは、もう少し別の言葉を用いると、どのように表現されるのでしょうか。

A　せっかく倉敷に来られたお客さんに、ゆっくりと倉敷の町を眺めてほしい、見て廻ってほしい。だから、わからない場合はそっと出ていって、「どちらに行かれるのですか」と地図で説明してあげる。

Q　「知ってもらいたい」のですね。知ってもらいたいお気持ちは、どこから生まれるのでしょうか。

A　自然と出てきます。

Q　自然と生まれるというのは、どうして生まれるのでしょうね。

A　難しいです。

（来客のため中断）

Q　白壁は江戸末期につくられたものなのですよね。

A　はい、そうですね。あれは代官所ですね。うちの家も元々、江戸末期の家なんです。ボランティアの方も説明しているんだけども、よく建て替えしたいと言っている。本当に昔からの建物なんです。

Q　そのデザインは、本当に綺麗だなと思うのですが、そういう建物やデザインについて、先祖の方から伝え聞いていることはございますか。

A　そんなことはないけれども、やっぱり美観地区に指定されたでしょう。私なんかは、よそに行ってここに帰ってくると、落ち着きますものね。ましてや電線もなくなったから、毎朝掃除に外に出て、山が綺麗に見える。心が落ち着きます。

Q　その落ち着きは、どういう落ち着きなのでしょうか。

A　また今日も一日頑張ろうかなという気持ちになるかな。毎朝、だいたい同じ時間に出て掃除をしていますから。普通だったら、掃除もする気にならないでしょう。「いやだ」という気持ちだったら。でも、そういう気持ちがあるから、あとさっき言ったように知り合いの方も会ったりしますからね。「おはようございます」と言ったら、また気持ちいいでしょう。それはいいですね。

Q　この町並みと近所の人といった人とのつながりは、あなたのなかで、どう影響しあっているとご自身の生活では思いますか。

A　うーん、どうでしょうか奥さん？　昔からいらっしゃる方は、すぐに井戸端会議をしています。七十歳近いおじさんに、「○○ちゃん」と言ってくれるから。気持ちが何となく、和みますよね。そう言ってくださるのは、昔からおられる方。人の出入りがない町内だから。そういうつながりは、他のところよりも濃いかもわからないですね。店をしていないところは、昔からおられる方なんです。

Q　付き合い方があまり変わっていないということでしょうか。住んでる方があまり変わらない。

A　住んでいる方は、私よりも年上ばかりですから。もう七十～八十歳の方。年寄りばっかりの町です。

Q　本当に、皆さん親切ですよね。私もほんの旅人であっただけなんですが、皆さん親切と思います。

A　お客さんにも、来てよかったという気持ちになってほしいですからね。楽しい旅行をされている。

Q　そういう気持ちってどこから来るのかしら。

A　私はよそを見に行って、家に迎えられたら嬉しいけれど、そうでないと嫌になりますが。

Q　ここの町を残そうという運動は、住民の人からでしょうか。

A　今、私が入っている「伝統建築地区を守り育てる会」、それが平成十六年から始めたのです。それから、大々的に、（古い町並みを）残そうという動きが始まっています。電柱をなくそうという動きはそのころから出てきたんです。私が子どものときも、電柱をなくそうという動きはあったらしいのです。そのときは、住民負担はあったんですよ。今回の場合は、国なんかもあれ（補助金）ですね。やっていけるんですよ。住民だけですと高い負担ですね。

Q　最後に、この地域とはどういう存在ですか。あなたの生活において……。

A　ここでないと、住めない、かな。

Q　住めないのは、どうしてですか。

A　ここがいいからでしょう。悪いこともあるのですが、皆さん出て行っていないというのは、何かあるのだと思います。どこへ行くのもいいし、便利がいいし。やっぱり、人との触れ合いもある。近所さんたちと。生まれ育ったところから離れたくはないというのが一番あるかも。

Q　離れたくはないと思わせるのはなんなのでしょう。

A　なんだろう。ここから出て、よそで生活するというのは考えられないし、何かにつけて、全部が便利なんです。何かがあったときには、すぐに近所の人が来てくれる。もし身体に都合が悪かったら病院なんかもすぐに行ける。そういういろんな、医療の面に対しても交通の便もいいし、だと思いますね。自分の生まれ育ったところが便利というのがある。いろんな面で、それがあるのかもしれない。

Q　長く住んでいるからでしょうかね。

A　いや、横着になっているのかもしれない。新たにどこかに移り住んで、人間関係をどうこうしていくのもたいへんだろうな。ちょっと尻込みするのかもしれない。一番いい関係だものね。私が姉さんの家に行っても落ち着かないものね、鉄の塊（鉄筋コンクリート）のなかに居ったら安全性はあるのかもしれないけれども、何か落ち着かないです。ここが落ち着く。

Eさん
皆、同じ輪のなかで

次の口述史は、同じ美観地区内に在住する地元の九十代の女性の生活史である。かつては福祉活動をしていたが、今は引退されている。主題とインタビュー方法は、これまでの対象者と同じである。

Q　**生まれは、このご自宅ですか。**

A　生まれたのは、もう四〜五軒、東です。この美観地区内です。

Q　**ここでずっと暮らしてこられたのですか。**

A　そうですね、私がそれこそ、生まれたときには、チフスになって死んだりする親戚がいた。そのころは女中さんやら、この人は洗濯をする人。ど近眼の小豆島のほうから来た女中さんで、私になついていたのですが。

Q　昔の記憶で、この町の風景で印象的なこと、教えていただけますか。

A　昔は今のように、華やかなお店はなかったですから、昭和の初めの子ども時代。

Q　昔の人々のお付き合いの様子は今と比べてどうですか。

A　昔、私の母親なんかがおるときは、もうそれこそ、「あんたどうしたんで、足が黄色い、みかんの食べすぎ」言うて、おばさんがよく言いよりましたけれども、結局、どっかが悪かったんでしょうね。黄色になるくらいだから。それで、皆、仲よしこよしで、みんな、同じ輪のなかに生活しているような感じでした、昔は。

Q　同じ輪のなかと言いますと、たとえば……。

A　なにもかにも皆知っているという感じなの。それが今はそんなことはないです。

Q　どう違いますか。

A　昔と今と比べたら、今は通り一遍というか、わかります？　お隣さんじゃから、回覧板がきたとか。今度は、廃品回収のときとか、そういうことは連絡がくるから、それをお隣に渡すくらいなことで、うちの隣は呉服屋さんで、おじいさんもお婆さんも亡くなって、それで、今は呉服屋さんがいないから、普通に民家にしたんです。東京から、おばさんも、ご主人がその当時癌で、それもお姉さんが歯医者さんにお嫁に行かれていて。それで、もう一人では、いちいち何かあるたびに東京へ行くのは適わんから、そのお姉さんを東京へ連れて帰られた。だから、その当時としたら、皆同じ気持ちで生活していましたから。箏屋さんがあったり、金物屋さんがあったり、いろいろとあった。

Q　そのお店は、たたんでなくなったということですか。

A　お年を召されて、皆さんちりちりバラバラですわな。

Q　同じ輪のなかにいるみたいな感じとおっしゃいますのは、どれくらいの輪なのでしょうか。

A　このへんだけですよ、輪というのは、美観地区だけではなくて、うちらの近所の二十〜三十軒くらい。町内くらい。今は、どういうのかな、輪が少なくなったと言えば語弊があるけれども、皆、同じような気持ちで、あの私のお友達が、アメリカに研究でご主人が行かれるのに付いて行って、それで自分は教会で歌を歌ったりしていましたから。だから、そのころ二組くらいまでかな。

Q　同じような輪にいるみたいというような気持ちは、何で生れるのでしょうか。

A　別に輪でもないですよ。まあ、今は、「あなたはあなた。僕は僕で」もうただ、隣で回覧番きたから渡すようなことで。

Q　町の人々の活発さは今と比べてどうですか。

A　そりゃ、今のほうが薄いですよ。活発さでいけば。商売人なんかは、皆もう若い人になってますでしょう。多少は違いますわな、昔のほうが活発に。

Q　活発な様子で思い出せる場面はありますか。

A　昔は――今のお茶屋さんになっているところ――カフェだった。昔は絵に描いたように、チラチラしたような割烹前掛けみたいなのをしたカフェの女中さんがおりました。ですから、皆心得て、邪魔せんように心得ていた。そこに、ごきょうだいでおられたおばちゃんが、この人は引き揚げてこられたのかな。割合に大人しい人でしたから、女中さんよりは、野菜をつくらなくても、みかんをつくったり、ボタンを植えたり、井戸から水を汲んだりというようなことをしていた。

Q　あなた自身は女学校を出た後、どんな社会活動をされていましたか。

A　女学校三年生後、終戦（の年）だから被服廠《ひふくしょう》にいました。田植えに行って、そこのおじさんやおばさんがおにぎりをつくってくれたのが美味しい。それから会館を（空襲の際目標とされないよう）黒に染めるの、泥で。

Q　それは仕事でしたか。お住まいは家族だったんですよね。

A　仕事でした。だけど、何か、ときどきそういう勤労奉仕っていうのかな。行ったらそこで賄いしてくれるのが美味しくて。だから、当時としたら、楽しいいうたら語弊があるけれども、勤労奉仕があったら、皆サービスがあるの。その当時は今のように電柱がとれていないし、うちの前にも太い電柱がありました。今は、全然ないですけれども。「みんなで盛り上げる」というと語弊があるけれども、そういうふうにしていました。皆、それぞれに仲良しこよししていました。

Q　ここの地域は美観地区に指定ですが、江戸時代からの建物を守ろうという動きがあったのですよね。それについては、何かご記憶がおありですか。

A　自分は、そんな運動していたわけではない。私らも、そう覚えていないのですが、田舎の人と仲良くしていました、それに親戚がいたり、昔は、今日はこういうものにしたけんって、食べ物につられているみたい。ですから、それこそ、村長していたのが、君が代で頭がつるつるのおじちゃんがいて、皆であだ名付けたりした。昔はそうでしたけれども。

Q　街並みについて、あなた自身にとってどういう意味が、また気持ちを抱きますか。

A　「わー、元気でよかったな」というな。私が「生きていけない」というと「私が息（生きる力のような意味）を入れてあげるから」と、このあいだも祭りの後で言ってくれたから、長生きできるかなというくらいで。だから、昔は皆、仲よしこよしでしてました。今みたいに「あなたはあなた。私は私」みたいなことはないです。

Q　街並みや家屋は、ご自身にとってどんな気持ちを持ちますか。意味合いは。

A　どんな気持ちいうても、ただ、昔と今というたら、昔のほうが仲良しこよしだったのではないですか。いまだに私ら覚えてますもの。アイスキャンデー屋があったな、ここはタバコ屋だったなあ、店のおじさんがここに座とったなあ。とかいうことは覚えてますから、箏屋さんがあったり、だから、昔いうて昭和の始まりころ、アイスキャンデー屋がここにあったなあというのは覚えてますもの。

Q　**この景観・家屋を残そうとは思います。**

A　残さないと行くところないですもの。皆、仲良しこよしですからね。

Q　**仲良しというのと、景観は関係がありますか。**

A　街並みとね。どうでしょう。まあ、昔に比べれば、希薄でしょうけれども、昔はもう少し皆仲良しこよしでしたね。

Q　**何がそうさせるのでしょうか。感覚でいいのですが……。**

A　どうでしょう。なんといえばいいのか、まあ、昔と今と比べるほどのあれではないが、一生住みたいなあとは思いますよ。

Q　**それはなぜですか。**

A　一応、ここへしか居れんから。

Q　保存地区がなくなったとしたら、どうですかね。

A　ちりちりバラバラですね、そうなれば、統一しないから。

Q　何がですか。

A　あなたはあなた、私は私になったら、もう全然、今のような生活ではないと思います。

Q　たとえば――、今のような生活ではないというのは、たとえばどんなことが。

A　それは、ちりちりばらばら、自分の好きなようにしますでしょう。それで今はできないから、家は、こういう事情でとよく言います。それは、今現在は統一していますが、すっきりはしました。これが、自分の家だけ考えていうようなことでは成り立っていかないと思う。ちりちりバラバラだったら、好きにせいってことでしょう。

Q　それは、人がということですか。

A　そう人が、家が、今はきちっとできているから、「ここの家はこうだったなあ……」と知っている人は割合少ないのですよ。だから「そんなことがあったかなというようような」。私らは年寄りだから、ここに何があって、ここは神主さんの家があってこうなって……とわかっていますから。だから、大きなほくろのおばあちゃんがおったなあということで。だから、統一して今はなっていますから。そんなに、無茶苦茶な生活はしていないと思います。

Q　統一しているから人が無茶苦茶な生活をしていない。無茶苦茶は、たとえばどんなことがありますか。

A　そういうとおかしいですが、屋根ひとつ見ても、上から見たら、「まあ、おかしいなみたいな」感じ。

Q　生活している人にとって、どんな気持ちを抱かせますか。

A　難しいですね。昔から祇園様の祭りだとか、皆喜んでいっていましたからね。ですから、皆、昔の神様仏様を大事にはしていましたね。墓も移転したり、だいたいお墓が違う。立ち会ったが、そりゃ立派なお墓もあるし、ぐじゃぐじゃな家もあるし。ですから何ともいえない。

Q　最後に、ずっと長くここで住まわれていて、ご自身にとって、この地域とはなんでしょうか。

A　そりゃもう、住めば都で、よそへは行こうとは思いませんが、やっぱりここがいいですね。

Q　どういうところがいいですか。思いつくことでいいのです。改めて考えてみると……。

A　どういうところいうたら難しい。今はこのへんは特別美観地区だから、こういうこともできません。パネルの何とかもできません。お断わりするのは、都合のいいこと。人情がどうこういうのではないですが、住んで住みやすいところ。

Q　どういうところが住みやすいと思いますか。

A　それはもう「おばちゃん、元気〜、元気出してよ〜」って声をかけてくれる。神主さんでも私に声をかけてくれる。ありがたいと思いますよ。誰がしてくれますか、そんなこと。やっぱりな、平時ちゃんとしとかんといけないと思います。

Q　お話の最初のところで、「人は人、自分は自分」となってきたけれども、それでも、気にしてくれるところはあるわけですね。

A　そうですね。ありますよ。この辺りは人情が厚いですね。なぜですかね。昔ほどではないですよ。

Q　でも、情が厚いほうですよね。なんでかなって思います。

Ａ　一応自分たちの生活で、あまりかけ離れたあれではないから。その、この辺りで生活していたら、かけ離れるというとおかしいが、どの方とでも、一組の人でも三組の人でも「いやあ、元気でしたか。奥さんどうですか」という声掛けがあります。

Ｑ　そういう文化があるのですね。

Ａ　そうある。昔から、大原さんのいとこになる人がいて、その方が「倉敷はいいところじゃあ」とよく言われてしまいましたから。人と人のつながりですからね、これも。いいようにいけば、いいようにずっといくけれども。皆さん、そうごちゃごちゃ言うようなことはないです。皆さん親切で「今日はどうしたん」と声をかけてくれるし。

＊

以上が、倉敷市美観地区の口述による生活史である。この口述に照らして、今日的なコミュニティにおける労働の課題に取りかかる。

6　近世由来の共同体から貨幣という現代の生命維持装置へ

これまでの記述から、縁によって土地とともに結びつけられた他者との暮らしが近世由来の共同体ととらえてきた。なおかつ共同体には互助の機能を備えた暮らしを営む習慣が備わっている。これは飢饉や災害、民衆側にとって不当な政策などから自分を守るため他者と連帯する仕組みであり、その主な例として「講」の仕組みがあげられる。この近世由来の共同体の役割は、人間が生きてゆくためである。

そして生きてゆく糧を生み出すのが労働であった。この時代は交通網は未発達であり、川が物流の輸送手段であった。また、現代のような転勤という状況を生むことはもちろんない。生きる糧である労働を生み出すために、人々が山間地域から瀬戸内海の浅瀬に入植することはあったようだ。この入植前の共同体の互助の仕組みや人々の変化は情報がないので不明である。だがAさんの口述より、入植後は他者と地縁血縁関係で共同体を形成し、互いの補いあいを暮らしの作法としてきた生活の歴史を理解できる。

倉敷市美観地区における口述の地域史の場合をみると、労働がどのように風土に条件づけられているのか理解できる。条件づけられるとは、風土が基礎になって人間の労働が生まれるというとらえ方である。その様子は次のような口述が具体的に説明されている。

「この海（瀬戸内海）が、どんどんと陸地に変わってまず一番最初に、何を植えるかというと綿を植えんといけんのでしょう。海の近くに土地をつくると米ができない。塩水じゃ、米は育たない。だから、塩水で植えても実がなるものをつくらないと生活できん。で、一番に開拓開墾したら綿をつくる。このへんが綿の産地だったから、綿産業がどんどんできて、児島の学生服だとか、このへんが綿産業になる。その後、米ができて大地主ができる。綿がとれだしたら、今度は田んぼがカラカラになって、塩がなくなって、米を植えるようになる。綿ができると田んぼが干上がって塩分を綿がとってしまうから。だから米がつくれる」（Aさん）とあるように、瀬戸内海がつくった塩を含んだ土地という風土の条件は、人間が塩業や綿業を営むことにつながっている。土地の風土条件がその地域に住まう人の命のつなぎ方を規定すると理解できる。

経済思想家のカール・マルクスの『資本論』の労働過程に関する説明によると「自然物自体が労働者の活動の器官となる。この器官を彼は自分の身体器官につけ加え、聖書の教えとは裏腹に自分の自然の姿を延長する。大地は労働者にとって本源的な食料倉庫であり、同時にまた労働手段の本源的な武器庫である」[46]。換言すると、人間自身の行為を通して自然との新陳代謝を仲介、調整、制御する一過程が労働である。労働はそれ自体を通して、自然から価値を生み出す人間による一つの過程である。

美観地区の場合は、瀬戸内海と山地に挟まれた地域特有の自然の富をいかし、人間が知恵を絞ることで産業が発展したことが語られていた。五百年ほどの歴史しかもたない比較的歴史の浅い地域であるが、塩業や綿業を人間は労働によって生み出し、十七世紀には倉敷村として下町的な共同体・商業地として人間が類をなし暮らしを実現するまでに発展させたと考えられる。

くわえて、この共同体には単に糧を得るためのだけのコミュニティの機能的な側面のみならず、コミュニティの連帯意識の強さもうかがわれ、後世の住民に継承されているようだ。CさんとEさんの口述によると第二次世界大戦を境に、その暮らしの作法は希薄になったと語られている。だが、それでも近世の名残が現代の住民生活における連帯の強さに影響していると理解できる。それは次のような口述が語られている。

「昔からいるからね、お互いに。でも、本当にもう一軒一軒、他人ではないような感情なんですよ。もう、町内が。そりゃ、都会は、隣は何をする人、転勤もあるし。はっきり言って、どうなっているかわからないけれども、昔から、息子さん、孫からひ孫から、代々の顔ぶれがわかっていますから」というBさんの口述や、町内で支えあう情景が目に浮かぶように語られている。

Dさんは「私が生まれたときが終戦直後でしょう。もし、家に食べ物がなかったら、隣のおばちゃんが食べさせてくれた」と言う。

またCさんの記憶によると終戦後の人々は「苦楽を共にする」「いわゆる身内のようなつきあ

い」をしていて、近隣の子どもたちの世話するのを思い出しながら「一体化いうんですかね」と言葉にし、同時に「当時の生活の基本」であったことも語りから理解できる。

Ｅさんもまた「なにもかも皆知っているという、感じなの。同じ輪のなかに生活しているような感じだった」と当時の様子を語る。このようなコミュニティにおける互助の精神は江戸時代から変わらぬ景観、地縁関係が、住民同士の互助の精神を保持することに役立っているように考えられた。

美観地区住民の口述がその片鱗をうかがわせるように、伝統的な共同体は人間の暮らしを支えるための生命維持の役割がまずあった。それは生き延びるため、子孫を産み、育てるために、自然から富を得て労働によって糧をつくりだしたのだ。糧を生む労働とともに住民は互いが食事や子どもの世話をし、支え合いながら暮らしの作法を築き上げてきたのだと理解できる。このような口述の地域史から、コミュニティの風土によって労働は影響され、かつ共同体の特徴が規定されるのも理解できる。

その後、明治期と終戦後の近代化の過程のなかで共同体は大きな変化を迫られた。たとえば、綿業で暮らしを支える時代を経た美観地区は、戦前のころには土地から塩が抜けてゆき水田がつくられるまでに変化した。だが、それが終戦後の農地改革によって土地が「収奪」された様子が語られている。「農地改革ですよ。『お前ら土地もったらいいかん』言われたんですよ。全部小作に

やれって、やってしもうた」（Aさん）

これは終戦後、占領軍によって行なわれた改革、諸制度の「民主化」政策は、戦争につき進んだそれまでの天皇を中心とした中央集権的国家を解体するものであった。

占領下の民主化政策とともに、それまでの地縁・血縁に由来する共同体の互助の仕組みも壊されていった。それは同時に、土地から離れ多くの人間は都市へと移動を促すものでもあった。一九五六年からおよそ二十年間続いた高度経済成長の波に乗っていた日本は、暮らしを立て直すべく多様な経済活動と商品化が成立する土壌にあった。戦争により破壊され何も残っていないのだから、人間がすることは生きるための労働をつくりだすことだ。何もないことは、需要があることでもある。モノがない状況とわれわれが伝統的に有するモノづくりの精神が融合し、つくりだしたものを資本主義経済の仕組みに則って市場に提供するのを容易にした。このモノがない状況は、つくりだしたものを商品化して市場に提供し貨幣価値を交換に得ようとする資本主義の経済の仕組みを定着させる土壌を備えることにつながっていたのだと考えられる。

人口が増加するとともに消費者も増加し、消費が増えると需要に追いつけるように雇用の機会も増えていった。一般に大量生産と大量消費の仕組みは、費用を下げることで剰余の価値を生み出すことになり、多くの利潤を生み出した。そして多様な商品はあらゆる人間の需要に応えることができるようになった。やがて暮らしを支えるための支援を何でも貨幣で交換する社会の仕組みがつくられたのだった。だから人間は、従来の地域（地縁）と連帯（共同体の互助の機能）を手放し、企業に所属し個人を中心とした核家族単位で暮らしを支える生き方を選ぶ人が増えたのだと考えられる。

営利企業に属し与えられる報酬は給与がその代表である。雇用主と雇用者の間で労働の対価として給与を得る労働契約が結ばれている。一定の労働に対して貨幣によってその労働の価値が計られる仕組みの定着していることがわかる。貨幣価値で労働の価値が定められるとは、労働価値が経済価値になるのを意味している。労働は元来、経済価値がつかないものであった。歴史的には生きるために糧を生み出すことである。その労働はコミュニティの風土の影響受け、そして風土の特性を表わすものでもある。ところが、今日に至っては人間のもつ技術の変化が労働のあり方を変えた。そして一般的に、営利組織と労働契約を結び、組織のミッションに従い労働を提供する労働者は、報酬として貨幣を得るものと一般的に人々に受容されている。

7　資本と賃労働者の相互依存の関係性

労働の価値として用いられている貨幣価値の定着について確認しておく。貨幣が労働の対価として交換される仕組みが定着してきたのは日本では江戸期とされる。ただし江戸時代では労働の対価を貨幣で受け取るという形式が主ではなく、労働形態の多くは小資本家的な経営であった。小資本家的な経営とは、自身は農業を営むが雇用労働も行なう形である。つまり江戸期には風土に特色づけられた家業を共同体単位で営み暮らしを支えていた。その営みの一部について、他人を雇用し労働の対価を支払うという形式があったとされる。徐々にマニュファクチュアという機械工業生産の形式に労働は置き換えられ、それに比例し賃労働者も増えていった。

近代以降、資本主義経済の思想に基づく営利活動は世界規模で行なわれるようになる。情報技術の発達がそれを可能に導いてきた。貨幣経済が浸透したのは、世界中が物事を経済価値で判断する画一性が確保されたことが一因である。逆に考えると、世界規模の営利活動が可能になるのは、世界規模の価値判断基準とルールの定めが前提にあるからだ。

情報技術革新が機械工業生産の次に、世界のものづくりのあり方を一変させたことは触れてきたとおりである。だが、その前になぜ今日、賃労働者が定着しているのかについて、マルクスの『資本論』の解説に沿い説明しよう。

基本的な事柄であるが、労働の生産物が商品となるのは、「それが使用価値として役立つ他人に、交換を通して譲渡されなくてはならない」[47]。そう、他人が自分の労働の対象である商品を欲するのは、使用する価値があると他者に認められる必要がある。

だから、まず商品所有者は「自分の商品を一般的等価物としての他のなんらかの商品に対立的に関係させることによってのみ、自分の商品を価値として、したがって商品としてたがいに関係させることができる」[48]。他のなんらかの商品とは、他でもない貨幣という商品である。つまり、このような商品が貨幣に変容する現象は、商品の交換の過程から必然的に生まれてきたものだというのだ。そして、その商品は人間の労働の対象化の産物である。

次に貨幣がなぜ資本に変容するのかも重要である。マルクスは次のように述べている。

あらゆる新しい資本が最初のステップとして市場という舞台に、すなわち商品市場、労働市場あるいは貨幣市場に登場する場合、まずは貨幣という形態をとり、この貨幣が一定の過程を経て資本へと変容することになる[49]。

マルクスは、ただの貨幣という価値交換機能の役割とする貨幣と、資本へ変容する貨幣の違いを流通形態の違いによってのみ区別している。その後者の説明を「買うために売る」という流通の形態で説明している。貨幣をまず何かの商品と交換する。その商品を、今度は市場で売り、新たな貨幣を手にすることができる。このとき、貨幣は最初に投じた貨幣よりも高値で売ることで剰余価値を手にすることができるのだ。これが一般的にいわれる貨幣の増殖機能である。この役割を果たすとき、貨幣はただの貨幣ではなく、資本そのものである。今日、貨幣や商品そして労働自体を資本に資本家は経済活動を展開し、貨幣の増殖機能の効果が発揮されて剰余価値を得ているのである。

ここまでの貨幣の本質を確認してきて最も重要な視点は、人間の労働形態が賃労働という形になることで、人間が資本の経済活動の資本そのものになっていること。それと同時に、労働市場を通して人間の生命それ自体を貨幣と交換に資本に売っているという事実である。賃労働は、労働市場において労働力商品として生命それ自体を資本に売る形態なのである。その結果、人間もモノの商品と同じように、商品所有者である資本の経営の道具として都合よく扱われる関係なのである。

では、労働者にとって不利益な賃労働は、定着しているのか。日本の場合を考えてみよう。そこには、日本的経営の労使関係の慣行により利益があったと考えられる。その内容は、終身雇用、年功賃金と昇進、企業別組合が高度経済成長期の労使関係であった。第二次世界大戦以降、復興にともなう経済成長を経て、次第に近代化による経済成長は国民的な総意であったとされる。各企業は、産業基盤の発展が整備されて、さらに他の産業の発展があって、はじめて自らの経済的な発展が実現できるため、生産性向上運動は一企業のみの課題ではなく、国民運動として展開された。その結果、当時の日本の社会に内需がうまれ、市場の創出と企業の事業拡大が達成された。そのことにより、国民一人ひとりの賃金上昇を生活上昇に結びついたためと考えられた。[50]

マルクスの分析によると、「生産物を商品として記述できるようになるための条件は、社会の内部で一定の分業が発達していること」である。また、資本の成立条件として、商品流通や貨幣の流通があっても存立条件とはいえないとし、「資本は生産手段、生活手段の所有者が自分の労働力を売る以外にはない自由（フライ）な労働者を市場でみつけたときにはじめて成立する」[51]と説明している。

前章で日本の歴史を概括してきたが、江戸期から始まった労働の分業は、明治以降産業の発達や西欧文化の影響をうけてきた。人間の諸生活を支えるあらゆる労働を商品化したために、資本は剰余価値から資本を生み出し、その規模の拡大を続けた。一方で、剰余価値を生む市場には賃労働者が都市へと集中し、人間は貨幣の交換に自分の生命を売る行為に違和感を覚えなくなっていったのだと思う。なぜなら、賃労働者は今も最も一般的な労働形態であるからだ。だが、資本が剰余価値を生むには、労働資本である人間の労働それ自体の生産を高めように合理化しなければならない関係にあるのだ。

ここまで説明してきたように貨幣には交換機能と増殖機能の働きがある。そして貨幣の交換機能の側面ではなく、貨幣の増殖機能によって剰余価値を得る経済の活動に危機感を募らせている。剰余価値を得るには、大規模な生産による剰余価値を生み出すことや投機的な商売が方法として選択されるからだ。大規模生産は労働市場を生み、人間＝労働力を商品化することによって、人間の生命を司る貨幣の地位が確立されたといえる。

営利組織が経済価値を追い求めるだけならよいが、貨幣が人間の主人であるかのような労働の退廃を現実にもたらした。あらゆる商品生産は、より多くの剰余価値を生むように経済的であることが求められてくる。それには商品の生産過程が合理的であることが求められる。それはつまり労働過程が、より多くの経済的な価値をつくるという意味として生産的であるよう求められる。

その結果、労働市場における人間はモノの商品と同じように、より経済的価値が高い労働が求められるのだ。こうした原理が労働者に影響を与えると、人間の暮らしを支えるために労働をしているのに、労働によって自分の生命を滅ぼしうる危険がともなうのだ。なぜなら、合理的であるようにできるだけ短い時間と労力で経済的な生産性を生むような意識が労働者に働きかけられる。人間はイキイキとした人間ではなく、モノと同じような無機質な労働力商品におさまってしまうのだ。

こうして、かつて共同体とその連帯から離れた多くの近代人は労働と自分の本心との間で苦しむことがある。このことは、人間の生命の過程に矛盾を生むものだからだ。生きる糧である貨幣を得るために労働をしている。しかしながら時には過労死・過労自殺に至るような厳しい労働の状況下に陥る場合がある。このように労働に人間の生命が支配されるという逆転現象を生み出す可能性があるためである。貨幣に人間が支配されてゆくのは、人間が従来の共同体で結ばれ生命を支える連帯から離れていった。その代わりに人間は貨幣と結びつきが強くなったからと言えるのだ。つまり近代化の大きな流れによるわれわれの損失は、人間の生命維持の仕組みが伝統的共同体から貨幣に譲渡された現実を生み出したことにある。

8　貨幣のマジックによる人間の労働の標準化

人間の暮らしのあらゆる側面を支える商品が、凄まじい速度で生み出されている。従来の共同体の連帯を手放したわれわれは、われわれの生を支えるためにあらゆる商品交換が可能な貨幣を手に入れる必要があった。

貨幣を手に入れ、商品化された他者の労働＝商品と交換することにより手にすることができる。それは、医療から食品、安全、衣類、住まい、余暇、生活の隅々に至り、それは貨幣交換により手にすることが可能である。そのことは同時に、今、世の中にはそれだけの諸商品を提供する雇用があるということでもある。加えて、雇用を手にすることも、労働市場において貨幣価値によって自分の労働価値＝労働力が資本に購入されていることを意味している。

貨幣はあらゆる商品交換の手段である。商品はそれに関わる労働の集約である。商品は貨幣価値で決定される。労働の価値は、商品の使用価値と同じではない。厳密にいうと労働の価値は貨幣交換価値と同じであるのだ。われわれが労働契約を結ぶとき、自分の労働を貨幣価値に換算し、商品として他者に提供しているのである。労働価値は、一般的に時間と成果で測られることがある。労働の対価は貨幣価値として、表示された報酬と手当を享受する社会の仕組みが定着している。この仕組みが成立するには、貨幣による労働価値の決定という人間の労働価値基準の標準化が前提におかれている。この仕組みが貨幣の権力を強める土壌である。

こうした社会における貨幣の権力に加えて、前項で説明してきた社会全体が資本主義の経済体制であることが人間に課題をもたらす原因である。というのは資本主義経済体制のもと貨幣増殖が可能であるゆえ、剰余価値を生む仕組みが成り立つのだ。言い換えると、営利企業は労働者をできるだけ安い賃金で剰余価値を生む労働を求めるからである。剰余価値が、営利企業に利潤をもたらす。利潤は資本の増大をもたらすことであり、経済的に豊かになる。

この剰余価値によって営利企業は事業の拡大が可能になり、より規模の大きな経済活動が可能になる。経済活動の規模が大きくなることに比例して、資本はさらに増殖していった。ただし、労働にはできるだけ安い賃金で効果的に成果をあげること、つまり労働の強度（生産性）を高めることが課せられているからだ。

さて、貨幣価値が人間の労働の価値の基準である。貨幣の物差しは、職種や労働の場を問わずに、人間の労働の価値を一律に評価する画一性がその特徴である。今日の労働の価値は、この労働価値を標準化するという貨幣のマジックによって、より経済的な価値を生む労働として貨幣に制約されるに至った。

このことは、労働の価値を画一化し、他の視点で労働価値をとらえるのを困難にさせる。規模の大きな営利企業ほど、労働者の労働の実態と生産過程が遠くなる。毎日顔を合わせることも少なく、労働者の直接的な声を聴く機会は乏しくなる。営利企業の規模が大きくなればなるほどに、そうなるのだ。

9　目に見えない労働と貨幣交換価値の模索

貨幣を用いた労働価値の基準が前提におかれ、現代では国家の垣根を越えて営利企業は経済活動を営むことが可能になった。その活動に参加し、人間は生きるために不可欠になっている貨幣を得ようと営利企業に労働力を売るようになった。この社会の仕組みは問題である。厳密にいうと、この社会の仕組みが唯一すべての仕組みといえるくらい主流になっていることが問題である。貨幣価値が人間の生活に不可欠となるような商品化された社会をつくりだしてしまったからである。

その経済と暮らしの仕組みに疑問を抱き、他の何よりも経済価値を追い求めようとする世のなかのイデオロギーに気がつき、従来の仕組みと労働、生き方を見直しはじめた人も少なくない。そしてこの仕組みが最も顕著に特徴として表われる都市での暮らしを離れ、農山村での暮らしを求めて移住する人々もいる。

われわれにとって貨幣に依存した暮らしを続けることが、人間の労働に関わる問題を生んでいるのではないかとわかってきた。だがしかし、定着している仕組みを転倒させることも容易ではない。この強固な仕組みを壊そうとするのは、人間の生命、生活を司る仕組みを壊すことだから、即座に変わることはできないだろう。そうした現状を考慮すると人間がこの仕組みに飲み込まれ、われわれを見失うのではなく、この仕組みを生かす人間の思想とあり方が求められているのではないだろうか。

このような問題意識を持ちながら、労働の価値と貨幣価値について口述史に基づき再考してみよう。たとえば、次のようなものがある。

江戸時代の家屋の柱を示し、「あの古い建物を見ますとね。いわゆる鉋も何もない時代に建てられた、手で削った材木なのですよね。こんなもの、一日でつくれと言われても、私は一本もできませんよ。どれだけの労力をかけてつくったものというのが、見てわかりませんか？ これを崩して、材木になっていいと思いませんよ」とAさんはいう。Cさんも、美観地区を「ああ、奈良のような町だなあ」「こういう家並みというのは一朝一夕にできるものではないですよね」とその価値を語っている。

あるいは「道具がない時代につくったものは、こういうふうなのです。（家屋を支える柱を示して）こんなものすぐに建てられますか。誰が建てられるのですか。丸太です。（見せて示してくれる）削るものがないから、皆、手で削るんです。道具がない時代につくったものです。道具がある時代なら、だーっと削ったら済むのですけれども。昔の人の努力を、ね。いい物をね、急遽新しい建物に建て替えるわけいかないんじゃ」「やはり昔の建物を労働力が、大したもんだということでしょう。集結しとるものでしょう。それを急遽、新しい暮らしのため（古い昔の建物を壊して）、材木に置き換えたくはないという意思はありますね」（Aさん）

こうしてAさんは、江戸時代から残存する家屋に対する価値を、道具のない時代につくりあげた労働力に認める。また「せめて先祖が残してくれたものだから、われわれの代では、壊さずにとってこうということか」とあるように先祖への敬意とも理解できる。くわえてこの家屋へ美を見出しており、「美しいですよ。そりゃ手をかけてるもん。似通ったものとは、全然違うもん。美しさは、手をかけるだけたくさんあります。手がかかっているから大事にしたいし、直すったって、あれだけのことをしようと思ったら、この壁とこの壁どれだけ違うと思うか。ねえ、この屋根の瓦一枚を守るために、この瓦が新しい瓦だよ。この屋根見てごらん。この上の瓦は皆新しいんよ。この下の瓦は古いんよ。もう一回つくろうとしたら、つくれん」と、手間をかけることで表現される創作物に価値を感じているようだ。

これらは経済的な価値観としては不合理である。だが、「手間のかけられた労働。建築技術と道具のない時代の労働。二度と同じものを再現できない労働」かつ先祖への思いが、Aさんの伝統的な家屋のなかに価値を見出され、それを守ろうとする意思の反映なのだと口述から理解できる。

そして美観地区が観光地として人が集まる理由は、この家屋とそれが表現する風情にある。伝統的な家屋とそれを包む雰囲気に心惹かれ、日本中から人が集まる現象をつくっているのだ。観光地の広報活動が功を奏している側面もあるのだろう。

だが、「お提灯を下げて、近所の人が、家からわざわざ来なくても、ロウソクを消してくださるからね。ありがたいです。昔ながらの、ずっと昔から住んでいる方でしょう。だから、隣近所がよそから見えたかたじゃないからね。だからもう、人はそれぞれわかっているしね」というBさんの口述から見えてくるように、伝統的家屋に住み続けることで江戸時代からある互助の精神を保つことにつながっている。同様にCさんの口述にも若者がかつてCさんに世話になった経験から、実に親密な雰囲気で気軽に「おばあちゃん長生きして」と日常的に声掛けをする様子がみられ、関係性の深さが示されているようであった。

このような暮らしの作法が美観地区内のあらこちらで見受けられ人を惹きつける風情となっ

ている。伝統的家屋はそれだけで味わい深く他者の共感を呼ぶ何かを備えていることが理解できる。それはCさんが美観地区を「いわゆる『ほっとして』私のこれが、何時になっても、家であり、皆が求めて帰ってこられる場所。何の遠慮もなくね」と語ったことに次のようなことも通じているのではないだろうか。

他者が遠方から来て旅の経験を求め、住まう人が便利さよりも古いものに価値をおこうとさせる何かは、経済的な価値観から外れた労働の価値観である。Aさんが述べてきたような先祖の労力と手間がつくった美しさが、他者を魅せ、美的な価値を生む。それが結果として他者に共感されうる貨幣価値を生んだのである。

労働は他人にとって価値を認められることで、はじめて労働が商品になりうる。この点は、どのような労働とその成果物においても同様に考えることができる。今、われわれが商品としてみなしているものは、江戸時代にはなかったものもたくさんある。たとえば、会社のマネジメントに関する専門相談事業などは、「相談に応じる」ことが商品である。洋服のブランドは無形の価値である。機能的には同じブラウスでも、用いる素材やデザイン料として無形の価値がつき、より高額な価格がつけられる。

要するに、何でも商品化された社会では、逆説的には賃労働という労働の形態をとらなければ、人間の価値をその労働で表現することで社会における活躍する場を増やしたともいえるのだ。美観地区の住民たちによる美意識が他者の欲求を満たすから、そこに価値があると享受されている。当時の民衆は、後世にまで美的に共感される家屋をつくることになるとは、思わなかっただろうが。

いずれにしても、自分の労働に対する美意識を自分が知る。そして自分の労働の価格を貨幣で相対的に示す。その無形の価値は、自分で決められる。もちろん、他者の需要があって商品交換が成立する。労働の価格と需要の合流点がみつからないときもあるだろう。だが、人間の労働は常に一つを選ばなければいけないわけではない。このことは後の章で説明する。

10　美を備える労働が他者の心を動かすとき

「労働の美しさ」という美的価値を備える家屋について、口述の地域史の視点で理解を進めよう。われわれは今から近世の時代に戻ることはできない。だから当時の人間がどう思っていたのか、今はもう知ることができない。

既存資料と口述でも語られていたが、その風土の特徴が、美しい労働の美を備える景観を保存せんとする意思を人々に育んだのではないだろうか。それは次のような歴史的な資料からも理解できるように、美観地区は江戸期の人間の美意識を、その家屋に表現することで後世に継承されているのである。この風土は、先祖と同じように今日の人間の内側へと入り込んでいるのだと考えられた。だから、容易に先祖の労力の結晶と美の表現を、近代的な住まいにするために壊そうとは考えないのだと思われた。

金井利之らの調査[52]によると、倉敷市の景観保存の取り組みは江戸期の天領時代に培われた住民の気質に端を発しているという。それに、綿の仲買で財をなし、倉敷に移住してきた「新緑派」[53]の代表大原家の教育・文化政策であった民芸運動の思想が大きく影響した。

大原孫三郎は民芸思想家の柳宗悦の日本民藝館建設計画に共鳴し、孫三郎が資金提供をし、一九三六年に日本民藝館が設立された経緯があるとそこに書かれている。

Aさんの口述にも大原の美術に対する視点の影響について触れており、柳宗悦の民芸思想を端的に記すと古い実用品に美を見出す「用の美」である。そして「倉敷では、この『器物』のひとつとして、『民家や民家が連なる町並み』を『日本人の作り出してきた文化』として保存してきたのだ」[54]と書かれている。前項で示した引用文『新修倉敷市史』(第八巻)にも通じるように、水害を免れ残った美観地区の地域を民衆の美意識で結ばれた不文律が、今日まで継承される価値を備える家屋をつくりだしたのだ。

われわれがこの町を訪れたときにしばしば引き起こされる懐かしさは、昔の人々の美意識や、柳宗悦の民芸思想への共感現象と考えられる。いずれにしても、労働の美が備わるのは、つくり手の美意識にあると筆者はとらえることにした。

美意識は美の思想。美学である。美学のある労働はつくり手が不在となっても、他者に共感されることで他者を呼び寄せ経験される。これは、他者の美的な欲求を満たす商品として成立しているといえる。それはまた他者から継承され守られる。そして今日的な経済価値の物差しである貨幣価値をもつくりだしたのだ。

人間の美の思想が他者にとって価値があるのは、「人間の美学が他者の心を動かす場合」のみである。他者を感動させられるか。大きな心の揺れ幅を期待するものとは限らず、心に生れる静かな感動でもよいだろう。ある人間の美学に触れたときに、何かが心に残り、その人間と交流したことで、変化を招くような経験をいう。

われわれはモノと情報に溢れた世界にいる。細やかな人間個人の欲求にあらゆる商品は応えうる環境にあるのだ。むしろモノと情報に溢れかえっているから、物質的な商品はその地位を低めたようにも考えられる。モノと情報に溢れているから、ただモノであるだけでは価値を見出すことができない。モノや情報がそれ自体の機能的役割を果たすのではなく、人間を感動させられるかどうか。それが、たとえモノが姿かたちをともなわない無形の商品であったとしても、他者に求められ、共感される条件である。

第四章　コミュニティ創造論

前章では労働と貨幣価値の関係から、口述の地域史を参考にコミュニティのなかの労働を主題に検討してきた。経済的な価値基準で労働価値が規定される。資本主義経済のイデオロギーに基づくグローバリゼーションの社会過程は、人間の労働を資本にとって極めて生産的で合理的なものへと変容させた。また一方で人間にとっては競争的な要素を労働に持ち込むに至った。だから資本主義経済の価値に基づく労働から労働価値を探るのではなく、美を備える労働が貨幣価値を生み出すのかという可能性を探ってきた。そこから得た、美意識に基づく労働とコミュニティ創造論へのかけはしを模索する。

そのうえで、われわれはコミュニティと呼ばれる何かに根づく必要があるのか。何を拠り所に生き、他者とどのようにつながるべきか。これまでの議論を踏まえながら、この問いへ思索を深めてゆきたい。

1　いくつもの関係によって成立する生命体

もともと労働は生きることそれ自体である。本書第三章でAさんによる地域史で語られていたように、人間は糧のないときに、労働活動の基盤がまったくなにもないところから自然に働きかけ、塩業や綿業という営みをはじめたのは、生きるためである。生命をつないでゆくため地縁や血縁で結ばれた他者と協力するのは、自然なあり方であったようにとらえることができる。

単に生命をつなぐだけでなく、今のわれわれが抱くような家族や親類への情も抱いていただろう。その精神が脈々と受け継がれていることは「昔からいるからね、お互いに。でも、本当にもう一軒一軒、他人ではないような感情なんですよ」というような口述から推測できる。

生きるために人間は他者と類をつくり、飢饉や災害から自分を守る暮らしの知恵を絞ってきた。その類には、互助の精神や風土に影響された精神性が培われ、文化を類する共同体を形成していったと考えられる。

文明の進歩とともに、人間は生活のための営利活動と余暇を分離し、自分の労働をとらえるようになった。それがワークライフバランスである。文明化とともに、あらゆる生活は分離分断されるようになった。生活と仕事の分離だけでなく、われわれの暮らしは細かい分類に溢れていることに気がつく必要がある。その分類と名称の付与が人間に錯覚を与えている。名称の付与が言葉の意味を規定し、それ以外のモノのとらえ方ができないような制限を与えたのだ。この制限が、人間固有のとらえ方を規制するのである。こういうような場合、物事の真実を知覚することから遠のき、人間皆が画一的に物事をとらえんとする集合的な錯覚をもたらしているのだと考えられる。

経済的利益の追求を目的とした営利活動における労働が強度になるにつれ、コミュニティの機能的な側面で他者と結ばれる傾向が強くなる。それはしだいにわれわれの存在がいくつもの関係性によって結ばれる生命体であるのを忘れさせた。労働が強度になるというのは、できるだけ短い時間でより多くの利益を生み出す行為に過剰に傾くことをいう。密度の濃い労働ともいえる。

こういうとき、人間は自分の労働に集中する。それはたとえば一時間に一つの営業を行なうのを通常と仮に設定すると、利益を生もうとして一時間に三件の営業を行なう労働などである。あるいは明日できる仕事は明日すればよいのだが、その日に済まそうとする。そうすると長時間労働となり、一日における労働時間が長くなる。現代は情報技術が発達し、深夜に地球の裏側の人間と仕事の打ち合わせをするようなことも行なわれている。こういうことを毎日繰り返すと、人間は労働に支配されるようになる。

このような労働（働き方）は一見、労働者の自発性に基づくかのように見えることがあるが、多くは職場の無言の圧力、効率、生産性の向上などという空気のなかで強要、強制された働き方と言える。今国会（二〇一八年）で成立した「働き方改革」法のなかにある高度プロフェッショナル条項などに見られるように、働き手の働き方とされ、長時間労働はその労働者の「能力」の問題とされてしまうことが懸念されている。

それともうひとつ考えておかなければならないことは、近代以降、機械化が進み肉体を酷使する労働から解放はされはしたが、文明化にともない人間は思考を使いすぎ、機械にすぐ馴染むようになった。今の労働世界の背景がそうした現代人の特徴をつくっている。そしてその反面、人間の身体性によって物事をとらえる能力は衰えたといってよいだろう。人間の生命活動は思考の活動に偏重し、その反面身体性は衰えてしまった。

われわれが想起すべきことは、われわれの一つひとつの細胞が呼吸によって新陳代謝を繰り返す生命体であることだ。人間の身体の細胞は新陳代謝を繰り返し、一年後の人間はまったく別の細胞に生まれ変わっている。それと同じように、われわれは思索と表現、吸収と排出、縮小と拡大を絶え間なく繰り返す生命体であることを思い起こす必要がある。

また、われわれが存在することは、他者が必然的に存在するものである。たとえば自分を「親」と認識することすら「子ども」という他者が認められなければならない。自分が故郷に哀愁を抱くことにも「旅先」という他者を必要とする。空気の乾きと晴天の青色を知ることにも、「外気」という他者性が認められなければならない。広い意味で他者は、自分の身体性がとらえるすべてである。

人間と風土の関係性について口述史にはこう語られていた。外からやって来て美観地区に住むことになった人々について「馴染んでくるというか、皆さん人当たりがいいから、やっぱりそうなるんじゃないでしょうか。付き合う人がいいから自然とそうなるんじゃないかな。お店に行ってもそうだし、ご近所の人もそうだし。自然にそうなると思うのですよ。やっぱり環境。人間は環境によって支配されますでしょう」（Bさん）。この美観地区の人々の暮らしの作法と習慣、そして毎日空気を吸うように風土が人間の物のとらえ方や考え方、習慣、暮らしの作法に関わってくるのである。

これまで記述してきた口述史を振り返っても、近世と変わらぬ景観と住居が、物理的に密な人々の時空間を形成してきたと考えられる。その密な住民同士の助け合いの精神が、後世の人々にも自然と引き継がれていることが読み取れる。

他方で、都市の暮らしを振りかえろう。長時間満員電車に揺られ、コンクリートのビルに囲まれた場所で一日の大半を過ごす生活を送り、生産活動を目的に生きる営利組織とだけかかわるとなると、こうした人間の多面的な関係を有する生命体の意識が忘れ去られてしまうのも無理もない。今日的な仕事にだけ自分の生命を費やしていたら、労働契約をする組織との関係が自分を取り巻く世界のすべてと思い込んでしまうことがある。そしてしばしば営利組織というのは経済的利益を追い求めるゆえに人間を追い詰めることがある。都市生活者のすべてがこのような事態に陥るといいたいわけではないが、自然な風土と切り離された人間の極端な状況を説明してきた。そして、これはすべての都市生活者に該当しないが、稀な事例でもなく、よくある歓迎しない状況であるといえよう。

だから、われわれは絶えず変化をし続ける存在であること。また、われわれが他者性という多面的な関係を有する存在であること。われわれの生命を支えるものは身体性がとらえるすべてであると気がつくことが必要である。気がつくと、ありふれた日常に実に多様な他者の存在を見つけることができる。この心が開けた状態は、固い思い込みにとらわれていたときとは異なる着想が湧き、創造的な力を取り戻すことができるのだ。

2　自然と交流の回復

近現代に生きる人間の大半は、日々貨幣価値を得るために企業等と労働契約を結んでいる。その契約に基づき、自分の生命としての労働力を費やしている。その場合、貨幣が労働価値の物差しとなり、貨幣が自分の生命を維持する役割を果たしていると説明してきた。今の日本の社会では、終戦時のようなモノがなかった状況ではない。モノが溢れかえっていて、モノがなかった時代のような、安全に暮らし、生活を充足されることに留まらず人間の欲求は多様かつより高い満足感を求められる。それゆえ、高度経済成長期のような経済発展は望めないのである。それは経済が発展するほどの消費の需要が期待できないからである。

人口が減少する社会、かつあらゆる物質的な需要が満たされつつある成熟社会では、消費の誘因を人間に与えるのも策は尽きつつある。だから高度な経済成長は見込めないだろう。人口が減少するという想定で設計されていない従来の終身雇用、年功序列賃金という日本企業の雇用慣行も持続が難しくなっている。正規雇用者を絞り、リストラや非正規雇用によって営利企業全体の持続を保持することで従来の組織と仕組みが持続されているのが現状である。だがこうした策は、大多数の消費者の消費欲求を抑える働きかけになり、ますます商品を購入する消費者を減らすことになる。消費者が減ると、消費者でもある賃労働者の報酬も減っていく。そうして、企業はいっそう労働者への不当な対処をせざるをえなくなる悪循環に陥る傾向にある。

こうして自分と家族の生命と未来を背負う労働者が労働に打ち込まざるをえない社会環境が形成されているということである。つまり、資本性の経済のしくみのもとでは、合理的で生産的な労働に人間の生命は搾取され、労働活動に隙間が少なくなる。こうした社会の背景にあるとき、先述したような他者との本質的な結びつきを忘れてしまう。自然と調和した生命体としての存在を忘れ、働く機械のように人間が変容するのである。

本質的な結びつきとは何か。本書の冒頭で述べた伝統的な日本の共同体の特性を参考にすると、自然と先祖の結びつきである。土地に根づき、他者とともに生きる作法を築いた伝統的共同体には、自然と先祖が共同体構成員に含まれていたと述べてきた。

美観地区には家屋と町並み、そしてAさんの口述によると素隠居という祭りによって先祖とのつながりを見出すことができる。素隠居の由来を説明し、「『えっさこいさ』って踊るんや。その一端をわしらも担いだんや。倉敷を守るのはわしらの道や。何ででしょうな。素隠居も何代も形が変わって、つながってきたんや……」とまるで、彼の口述では美観地区という土地が縁になって現代に至っても先祖はまちを守る同志のように理解される。一方でDさんの口述には「残したいものを残したい気持ちがあるのですよ。後々まで、ここに川があったんだというのを皆さんに知らせたい。その昔の名残があるから」と、過去と現代に引き受けて存在しているものを未来へつなごうとする連帯の表われと理解できる。

そしてもう一度、われわれは労働の本質に戻ってみよう。それにはカール・マルクス[55]の『資本論』第Ⅲ篇第五章の労働過程の一文が多くを諭してくれる。

労働は第一に人間と自然の間に介在する一過程、人間が自分自身の行為を通じて自然との新陳代謝を仲介し、調節し、制御する一過程である。人間は自然素材に対して自分もまた一つの自然力として向き合う。人間は自分の生活に利用できる形で自然素材をとりこむために、腕、脚、頭、手など自分の肉体に備わっている自然力を活動させる。この運動を通じて人間は自分の外なる自然（ナトゥーア）に働きかけ、それを変化させるが、同時にそれによって自分自身の自然（ナトゥーア）も変化させる。[56]（マルクス）

われわれの生命過程は労働過程といえる。そして労働過程は、自然との新陳代謝の過程である。そのことは、人間が自然と結ばれ生命の過程を繰り返す存在であると理解できる。歴史性が残る風土は、先祖と自然との結びつきが地域性となって表われている。ここまでの検討から、この地域性の表出が人間の本質的な結びつきであるように考えられた。

人間が機械に囲まれ、役割の仮面をかぶり、コンクリートのなかで過ごすのでは忘れてしまいそうだ。だが、人間が生きること、労働は自然への働きかけによって成立する行為である。今はすっかり自然が対象化され、人間が自然から疎外された関係を結んでいる。だから、その本質的な真実を記憶の外に放り投げてしまったようである。

けれど自然はいつでも誰でも人間を受け入れることができる。国境や地域性も問わずに、親しもうとする人間を受け入れて包んでくれる。だからわれわれは誰でも、ときに自然を求め、交流すると安心する気持ちを覚えるのだろう。

われわれは自然なしには存在しえないし、自然なしには生きられない。そして、疎外化された自然との関係を自分の内側にも見出し、関わることで人間の自然と結ばれた本質を取り戻すことになるのだ。

機械に囲まれ思考の機能に頼る近現代の人間は、意識して自然と交わる隙間が必要ではないか。やがて、自分の本質性に気がついてゆくかもしれない。倉敷での聞きとりは、そんなことを気がつかせてくれた。

3　大きな仕組みとの協働

今の日本のコミュニティは、地域に条件づけられたゲマインシャフトの側面が近代化の過程を経た結果、変容している。これは従来の江戸時代の地縁関係を基礎とした住民互助の機能と精神を有するあり方がある意味失われているといえる。けれども、それに代わるようにいくつかの目的を共有するゲゼルシャフトへとコミュニティは変容してきた。そのゲゼルシャフトの代表が営利企業である。

われわれが自然と先祖を含む本質的な結びつきを忘れ、ゲマインシャフトのコミュニティは、今日的な家族や地域社会において従来に比べてその本質を失っている傾向にあるのだ。それには資本主義経済のイデオロギーに基づく経済的生産性を生み出すのがよいとされる価値基準に人間がとらわれていること。精確には人間が生きるためにつくりだした貨幣と経済の仕組みに、いつの間にか支配され、労働によってより多くの貨幣価値を得なければならないという共同幻想に則って生きていると解釈できる。だから、思考偏重、文明化による機械化された暮らしの受容、というよりは依存のほうが妥当かもしれない。そういう側面が人間存在なのだと思い、多面的な関係によって支えられている生命体という認識と身体性による他者の了解が衰退している。だから、本来なら互いを守り育む機能や精神を有する家庭や学校というコミュニティで家族や社会の病理が生まれ、治安の悪化など多様な問題を抱える原因の一つにつながっているのではないだろうか。

そのことに同意できても、すぐに人間はゲマインシャフトのみを自分のコミュニティとしてつくることはできないだろう。現実的に資本主義経済の仕組みに則り、貨幣によって生命の糧を得ているのだから。現実を生きるには、今ある大きな仕組みとの協働する発想が求められるのではないだろうか。

営利追求を最優先した組織にのみ関わるのではなく、自分の存在の軸を他につくりだすこと。

存在の軸とは自分の存在を支えるものである。伝統的には共同体であり、今日的には家族の存在といえる。現代的な課題としてその軸が貨幣を得るための企業になるので人間にとって問題が生じやすい。だから自分の存在の軸をつくる必要があるのだ。

また、一面では労働は、時に人間を成長させる。人間にとって新たな経験の場、飛躍のチャンス。技を磨く研鑽を積む経験。時には生涯の友人や仲間をみつけることもできる。もし、自分の労働に自分なりの納得ができ、営利組織の理念に同意できる部分があるのなら、それは営利組織との協働が成功しているといえると思う。だが、基本的には営利組織と賃労働者は対等ではなく、営利組織の剰余価値を生むため、資本の蓄積を目的としているのを理解しておく必要がある。営利組織も自らの資本を失うことで、存在を危うくさせるからである。

そのうえで、われわれ人間はゲマインシャフトと多様な目的と意味を有するゲゼルシャフトのコミュニティに参加し、つくること、大きな仕組みで互いの有利性、目的、意図に沿う部分は互いに利益を与え合う関係を築くことは可能である。もし、その関係が自分の意思にそぐわず不利益をもたらし、自分を滅ぼしていくとき、離れることは難しくなくなるのではないか。コミュニティは常に流動している運動である。未来永劫に定まったコミュニティはゲゼルシャフトもゲマインシャフトも存在しえない。生きること、生命の過程は新陳代謝である。人間もコミュニティも常に変化し流動することが、われわれの生命の条件である。

このように、大きな仕組み、利益優先の組織とも自分が譲歩でき、目的に適う場合は参加することが現実的であろう。

人間はコミュニティのゲゼルシャフトとゲマインシャフト、いくつも関わり結ばれる新陳代謝によって変容を続ける複数のコミュニティと関わることが、未来志向のコミュニティの一つの要素である。

4　自分の美学にこだわること

本章におけるコミュニティ創造論は、ゲゼルシャフトとゲマインシャフトいずれのコミュニティでもよいが、複数のコミュニティと連帯する有効性をあげた。また、現代の人間は貨幣を得るためにゲゼルシャフトとしての営利組織に自分の存在の軸を譲り渡してしまっていることが問題と指摘してきた。

自分の存在の軸を営利組織に渡してしまうことは、労働の主体を渡すことでもあり、働く人間はますます経営の道具に収まってゆくのである。[57] 人間は、自分の労働の軸を失ったまま資本主義経済の利益追求主義のもと合理的に生産的にまるで機械であるかのように仕事をするようになってゆくのである。このように最初は、人間が生きるための手段だった労働が、いつの間にか逆転し労働によって人間が支配される原理が労働疎外といわれる実態だ。労働疎外を乗りこえて、人間が労働と生命活動の主体を取り戻すため、人間は存在の軸を見つけ出すことが必要だ。

人間の存在の軸とは何か。それはゲゼルシャフトでもゲマインシャフトいずれのコミュニティもない。それは、人間に宿る労働の美意識。すなわち労働の美学である。自分の労働にこだわること、それは美の思想を培うことである。

紹介した事例の口述史も参考にすると、伝統的な家屋と町並みに美が宿るのは疑いようがないものだ。これは、芸術家がつくった作品ではないし美学者が説いた美学にもとづく家屋ではない。暮らしのために共同体の不文律の精神に基づく民衆の美的な創意が家屋に施されているのだ。家屋に込められた先人たちの労働の美意識の表現ともとらえることができる。そして、美観地区のまちづくりに大きく貢献した大原家が共感をしたという柳宗悦の民芸思想がこの景観の美を育むことに影響を与えたと考えて良いだろう。

柳は[58]『民藝とは何か』で美のためにつくられた工芸品に対して、実用のためにつくられた工芸品に美が宿る「用の美」を説いた。「用は美を育む大きな力」とし、民芸品を「すべての無駄をはぶいて、なくてならぬもののみ残ったもの、それが民藝品の形であり色であり模様なのです。『なくてならぬもの』、これこそ美の基礎であると云えないでしょうか」と書いた。

これを参考にすると、美観地区の民衆の労力を集結してつくった家屋は、住まいのためつくられた。こうした住まいは土地の風土に包まれ、屋根や壁のしつらえを規定してゆく。たとえば、北海道の家の屋根は積雪で家がつぶれぬように傾斜しているものが多い。亜熱帯気候の沖縄では、玄関やベランダの面積が広く、風を室内にとり込みやすい工夫がされている。伝統的な家屋の美は先人たちが土地の風土と折合いながら育み、営んできたなかに生きる労働そのものの美しさが宿っているのだ。それは後世の人間が守りたいと思えるほどの価値と美しさが備わっている。

本書における美の思想は、柳らの民芸思想とは限らない。それは人間の生命の歴史から生まれるものだ。人間の生きる歴史は労働の歴史である。こうして宿した労働の美しさは、時空間を飛び越えてわれわれ多くの人間に共感されている。この労働の美しさが、われわれが依存している貨幣価値をもつくりだす可能性をもっと示唆してきた。

人間は生まれ、自分の運命のなかで複数のコミュニティを行き交うのを通して、労働の美学をおのずから育んでいる。美学は厳しい環境にあるときも我を忘れさせることがないものだ。自分を支え、やがて美学に共感する人に出会えるものだ。それはいつか自分のコミュニティと労働をつくりだす原石である。

ここまでの議論で本書における労働の美学は、人間の風土に包まれる人間の歴史そのものととらえることができる。人間の歴史は、その一人ひとりの物語である。なぜなら、人間は時空間で新陳代謝を続ける存在である。生命の営みが止まるときは死を迎えるときである。だから、われわれは時空間で動き続ける物語なのである。自分が自分の物語を発することは、労働の美の表現として他者に経験されることなのだ。こうして物語という美の表現は、共感によって他者を巻き込みコミュニティをつくりだしていく。その表現は他者との共感が重なり、コミュニティの連帯になるのだ。

5 人間とコミュニティの物語としての風景

マルクスは労働過程について次のようにも述べている。

労働過程の終わりに出現するのは、その開始時点にすでに労働者の表象のなかに、つまり観念として存在していたものにほかならない。労働者は自然に存在する物の形態を変化させるだけではない。彼は自然に存在する物のなかに自分の目的を実現する。[59]

マルクスが述べるように、人間にはみな観念がある。労働の目的がある。賃労働者の場合は、商品の生産過程が拡大しすぎて個人の観念というよりは資本の観念が実現されているのだ。だが、まず労働行為には観念が先に存在する。その観念を「人間の労働の美意識」の表現として実現することは可能である。

人間の美意識を軸につくられたコミュニティには、その人間の美学が宿るものである。美学で結ばれたコミュニティは類をなし空間を形成する。空間には同時に時間がともなう。つまりコミュニティは時空間としてとらえることができる。コミュニティは新陳代謝をたえず行ない、それは共感しあう他者との間（あいだ）で物語をつくりだし時空間に表現される。

第二次世界大戦の終戦間際の六月、米軍による空襲を受け岡山は焼け野原になったが倉敷は空襲を免れた。その出来事が、その後のまちづくりの行方を方向づけた。金井利之らが倉敷市に取材した資料によると、倉敷市の町並み保存の動きは、天領時代に培われた住民の気質が基底にあるという。その主な活動には一九四九年に地元有識者・有志によって設立された倉敷都市美協会の活動がある。都市美協会の出版物『実録　倉敷町並物語』（一九九〇）に基づく金井らの解説によると、当時の彼らの問題意識は西洋建築への憧れが浸透して、伝統の和風を捨てる気風が市民の心を支配するようになったことであった。都市美協会にとっての「都市美」の象徴は、「住民」の手による「伝統の和風」建築である「民家」にあり、「文化財としての民家」の価値が主張されている。

それゆえ、荒廃していた民家の保存を活動の中心としていたとある。[60] こうした住民組織の活動は近代化・都市化に対する伝統的和風の文化の維持を意図しており、すくなからず家屋を残すことで、近代化・都市化の文化流入に抵抗したと考えられる。それは次のような口述にもみてとれる。

「岡山が焼け野原になって、岡山の復興は新しく都市をつくるというのが目的だったのですけど、われわれの倉敷というところは、せっかく焼けなかったのだから、古い物を存続するのというのが倉敷の使命だと思ってたので」「その当時の倉敷市民の総意というのですか。岡山に負けんというのは、倉敷は物が残ったのだから、それを残すということが、使命だというように考えて残った」（Aさん）

古い町並みが災害や空襲の被害を免れたという歴史的な事実が美観地区にはある。焼け残った町と失しなわれた町。その双方がおそらく互いのコミュニティの行方を方向づける出来事であったのだろう。

「特にうちの親父や、昔からのこういう建物をもっていた人間は、強く言っておりましたね。皆もう『家を壊したらあかん』て、言いよりましたね」（Aさん）とあるように、古い家屋と町並みは当時の人間にとっても価値ある景観だったのだ。

「それ（古い家屋）がなかったら、新しい都市になっとるやろうな。そういうことで、異色な都市開発をしたことになるじゃろう。ちょっと変わっとるなあいう、都市開発したことがプラスになった。だから人が来てくれるんじゃろう」（Aさん）とあるように、災害被害から逃れ、近隣はすべてを失ったにもかかわらず、景観が残ったという事実。そして過去五百年をさかのぼっても景観が保たれた地域があったという事実がある。

近代化・都市化に対する伝統的和風の文化の維持を意図した住民の意識は、近代化や西洋文化の流入に抵抗するコミュニティ全体の物語でもある。焼け野原になった岡山は都市化の物語を生きる。われわれの伝統的和風の文化が象徴として残った家屋は、当時の住民の内側が照射された「観念」の表現である。そして、伝統的和風の文化を守らんとするコミュニティの物語を生きることになったのだ。

そして「幸いに参考してやってきたのが、考古館、戦後に民藝館、その前に大原美術館が昭和五年にできてきて。そういう辺が先行しておったから。さらにその引き続き継続して文化都市にするのが倉敷の生き方かなあ、というのは、あったと思います」「大原さんがおって、その大原さんが文化を倉敷に導入したのが美術なのですよね。それにもっていって、労働科学研究所とか、大原中央病院とか、そういう研究分野を非常に高めたんです。そういうことで、考古館もつくられた。それに誰もが従ったということでしょうね。大原さんについていく人が町の何人かがいたっていうことでしょうね」「大原さんがおったから、美術に視点を訴えることが、玩具に着目した一端かも知れない」（Aさん）というように、さらに大原家の教育・文化政策とそれに影響を及ぼした民芸思想もくわわって倉敷市美観地区のまちづくりの連帯になっていたのではないだろうか。この倉敷市美観地区の美意識を事業として具現化する力のあった大原家がこの地域に入植していたことも、美意識に基づくまちづくりを志向する大きな一因といえる。[61]

この歴史的な活動の結果、倉敷市では美観地区景観条例を制定し、伝統的建造物群保存地区（第一種美観地区十五・〇ヘクタール）、伝統美観保存地区（第二種美観地区六・〇ヘクタール）、そして伝統的建造物群保存地区（倉敷川周辺）は「倉敷川畔伝統的建造物群保存地区」の名称で国の重要伝統的建造物群保存地区として選定され、美観地区の歴史の文脈が伝統として幅広く多くの人間に共有されるのだった。[62]

この歴史の文脈は、インタビュー協力者の口述から物語られている。これはつまり、伝統的和風の文化を守らんとするコミュニティの歴史的な文脈、すなわち物語が美観地区に住まう人間個人の地域史にも共有されているといえるのだ。

ここまで事例の口述史を頼りに、コミュニティの歴史的文脈の視点から倉敷市美観地区をとらえてきた。住民にとってこの風景はただの景観ではないことがわかる。風景は先祖が草分けた倉敷市美観地区の歴史の文脈とつながる連帯を了解する装置である。この連帯は、先人との間柄を人間が了解する契機になっているのである。それは、自分の個人史という物語とコミュニティの地域史という物語が共感によって織りなされ、表現されている。これは時空間に存在する他者性という複雑な人間の実像が記述されているのだ。

そしてしばしば指摘されることだが、われわれのコミュニティ論にはこうした地域性としての歴史性を一体的に考察する試みが乏しいのである。自然と先祖から分断された形で人間やコミュニティを研究するに留まらず、人間の複雑な他者性を含んだ関係的な存在としてとらえることでコミュニティの行方は変わってくるのだ。

第五章　コミュニティの行方

さて、今日のコミュニティを問い直す本書では、コミュニティ論の古典であるテンニエスの『ゲゼルシャフトとゲマインシャフト』で大まかなコミュニティの概念と特徴をとらえてきた。次に日本の共同体の形成の過程を概括し、近現代のコミュニティの研究よりグローバリゼーションとコミュニティの関係性を検討してきた。

われわれの生活世界では、労働の使用価値が貨幣価値で換算されている。それは生産性の物差しであり、経済的生産性が基準となっている。筆者の気ままな旅人の視点から、インフォーマントとのインタビューを素材にコミュニティのなかの労働を論じてきた。これからは貨幣がまかり通った世界のなかで、いかにして自分の美の思想を育み他者と生きるのかが、新しいコミュニティをつくる鍵になってくる。そして人間の歴史が醸成する美学は、貨幣価値に変容しうる可能性を示してきた。
これからのコミュニティは、まず、今ある機能的なコミュニティと理念や目的に同意できる場合に協働すること。ゲゼルシャフトとゲマインシャフトを問わず複数のコミュニティのなかで自分の美学を軸に生きること。そして自分の美学を育み続けること。美学は人間が現象学的な風土と自分の生命の文脈がつくるものであること。それは他者に共感によって共有され、やがて自分の美の表現として他者と生きるコミュニティの創出につながると説明してきた。

以上の議論をまとめて、筆者が論述するため設定する「場」、「連帯」そして「歴史的文脈」というコミュニティの成立条件から「未来のためのコミュニティ」を検討する。その論拠として、古典的著作のみを用いている。なぜなら、あらゆる論理論説は過去のそれらを論拠にしている。古典は学術が多様な領域に枝分かれしてゆく前の原理が書かれている。原理が書かれた学術とは思想である。そこには書き手の思想が書かれている。そうした本質的な視点で書かれた過去の思想に基づくことで、未来の人間は思惟を進化させることができるからだ。

1　コミュニティの場——地域の輪郭から遊離してゆくコミュニティ

われわれの最も身近で古典的なコミュニティは、行政区域で区切られた地域である。これは江戸時代の共同体にその原型がおかれ、明治維新や第二次世界大戦後の近代化という大きな変化の渦に飲み込まれながら、近現代のわれわれのコミュニティも変容を遂げている。

近世のころの人やモノの移動は、水路や馬車を用いており、人間が生きるために土地を人間の手で綿業や農業を営めるよう土地に加工を施してきた。われわれは自然によって自分の命を支えている。そしてこれまでの口述史から共同体に生きる人間は、風土性溢れる美意識を備えていたことが倉敷市美観地区の例で理解できる。

日本には、美観地区以外にもこうした古い景観や伝統的手工芸が継承されている。その地域に特有の技巧があるのはよく知られているものだ。こうした地域では、地域の特性と雰囲気が表現されている。交通網が発達する以前には、人間は風土をもっと身近に感じていたと考えられる。

次第に、そのころ「村」と呼ばれた地域は、明治に入った一八八八年（明治二十一年）の町政制度にみられるような諸制度によって地域が明瞭に区分けされてゆく。伝統的な共同体は、土地に条件づけられた地縁と血縁関係から成るものだ。だから、コミュニティの輪郭は土地で区切られた輪郭であるといえる。その後、一九四七年四月に公布され、翌五月三日の日本国憲法施行とあわせて施行された地方自治法にともない、その後も行政区域単位を一つのコミュニティととらえる見方が通常であることが理解できる。

ところが今、日本の都市を眺めてみると、風土性や歴史性はまちの一部に限定され、その多くを占めているのは大規模資本の存在と交通網、昼夜を問わずにそこで活動する人間の様子がみえてくる。大規模資本は地域や風土性に関係なく参入し、どの店舗でもおおむね同じ商品が売られている。加えて衣食住の生活必需品と娯楽商品が一体的に提供されている大型複合施設はしばしばみられるものだ。便利さもうかがえ、多くの人間はそこに集まり貨幣を落とす。その反面、小さな小売店は多様な人間の欲求に応える大規模資本の集客力に押され、店を閉じていく現実もある。大規模な経済活動と比例するように、ますますコミュニティの景観から風土性と歴史性が消失してゆくだろう。

この現象は時代の変化にともない、われわれのコミュニティのあり方も大きく変貌遂げたと理解できる。行政区域というコミュニティの輪郭は薄まり、画一的な大資本の参入により、地域性は消失しつつある。それとともに土地の歴史は忘れ去られ、風土という文化の境界も感じられなくなってきた。さらに情報技術の発達により、人間同士のコミュニティが必ずしも地域に限定されないあり方を可能なものとしてきた。

近代化とともに人間は生まれた土地から移動し、都市に集まるようになった。今度は、そこでも根を張らず、時に転々と生活の場を自由に変えることもできる。こうして従来の共同体は土地を離れ、宙に浮いた時空間として他者とコミュニティを形成することが可能になった。もちろん、すべてのコミュニティではなく、近現代のわれわれの一側面のあり方としてこうしたことが可能になったということだ。

つまり、コミュニティは必ずしも視覚化されないものになった。かつコミュニティは一人の人間にとって一つではない。生きるためのコミュニティに限らず、貨幣を得るためのコミュニティとも限定されない。趣味や価値観という共通部分が人間同士の連帯になり、コミュニティをつくることも可能である。仮想的なコミュニティは土地から遊離する時空間ととらえることができる。その多数のコミュニティには、かつてあった輪郭は必ずしも見えなくなっている。

人間は技術を高度に発達させ、土地から浮遊し、他者とコミュニティをつくる力を得たのだ。

2　コミュニティの連帯——人間は何で他者と結ばれるか

(1)　貨幣を得る目的と連帯

今日のような成熟した社会を迎えていなかったころ、生存することが人間の生きる目的だった。

同じ時代に同じ土地に出生したことが人間同士、そして人間と土地との縁となる。血縁・地縁関係で結ばれた人間は戦争や飢饉から自分を守る互助の仕組みをつくっていた。

中世より中国大陸から日本に持ち込まれた貨幣は国家の形成に用いられた。しだいに誰のものでもない無縁の場で商品交換を行なうようになり、市場原理の仕組みを築いた。この市場原理は、人間の生命と一体だった生きるための労働を分離し、商品化していった。

自分の時間と労力を提供する賃労働の形を採用する近現代の社会は、資本と賃労働者が相互依存しながら資本制の商品生産過程をつくりだした。それは人間の労働を商品化させ、人間そのものを労働力商品として労働市場で売買するという経済の仕組みの定着を意味している。

市場は資本主義経済の価値が世の中を覆い、多くの人間は経済的生産性を追求するようになった。人間が貨幣を得ようと労働市場で他者と競い合うのは、人間が人間の生命や生活を支える医療、教育、生活必需品、あらゆるものを貨幣によって得ることができるからだ。換言すると、人間を支える仕組みを商品化によって貨幣が媒介する仕組みをつくったからだ。つまり、自分の生命を支えるには、貨幣価値の交換によってそれが可能になる、そういう社会をつくったからである。

最初は人間の労働の価値交換を円滑にするための道具であったのだが、国家制度の導入も相まって貨幣があらゆる商品と交換が可能な力を有するようになった。そのことで、人間の生活を支えるためには、ほとんどすべて、商品を貨幣と交換せざるを得ない環境となる。人間は貨幣なしでは生きてゆけず、人間の生命の主人になってしまった。

こうした社会背景から人間は、経済的価値生産を生むためのコミュニティに属するようになった。ところが現代は、雇用そのものが縮小しているので当然に労働市場で雇用を奪い合うという現実が生まれる。自分の生命がかかった争いは、労働価値の交換として貨幣価値を提供する資本との関係を強めるようになるのも当然である。自然と人間は営利活動をして利益を生む企業組織とのつながりをもつようになる。多くの人間にとって生きてゆくための必然的な労働であるからだ。つまり、近現代の多くの人間は貨幣を得るためという目的で、コミュニティと結ばれていると考えられよう。これは厳密に定義すると、コミュニティではなく営利を目的としたアソシエーションやゲゼルシャフトとして理解するのが適当である。

(2) 人間のシンボルという幻想とコミュニティの進化

今われわれの風景をもう一度眺めてみると、合理的な暮らしを好む人々が増えている。その合理的生活を営むツールの一つがスマートフォンやパソコン、アプリケーションなどである。この合理性がわれわれの生活世界に機械を受け入れる理由になったのではないか。そして一度手にした便利さを手放すのは容易ではないことがある。そして、こうした機械とシステムとともに生きる人々が増えるにともない、合理的な生活は人々へと浸透しやがて定着してゆくのである。

われわれの他者とのつながりも、機械が媒介された形へと変容する。そのつながりは、趣味や関心を共通項にしたものもあるし、経済価値を得るための活動もある。先述したようにコミュニティは時空間に浮遊し、かつてのような土地に条件づけられたつながりだけではなくなった。

このことはコミュニティが一面では衰退し、一面では進化したのだと考えられる。衰退したというのは、従来からある土地に根づいたコミュニティである。これは近代化の過程で衰退したととらえることができる。進化したというのは、時空間に浮遊した仮想的なコミュニティである。あらゆるしがらみから自由で、個人の意思によって気軽に関わり離れることができる。こうした仮想的なコミュニティは趣味や仕事、娯楽など共通の関心でつながっていたとしても、その連帯は機械を介入している場合、「人間のシンボルという幻想」とつながっていると考えられる。

ここまで、近現代の特徴がもたらした人間同士の連帯の特徴について記述してきた。

これらによって結ばれている人々の連帯は、機械によって表示されつくられた「人間のシンボルという幻想」なのだから、表面的な関係にしかならない。共感や深い理解と連帯をもたらすものではなく、暮らしの一部として関わるのがちょうどよいのではないか。すぐに知りたい情報が得られ、必要な人と連絡をとれるのは便利である。一方で、情報や「人間のシンボルという幻想」とは、コミュニティの連帯を補う役割を果たすことはできても、本質的なコミュニティの連帯にはなりえないだろう。

しばしばコミュニティの課題で問題視されるのは、人間が幻想をホンモノと誤認し、自分の生活世界を仮想的なコミュニティに限定してつくってしまうことである。情報に翻弄され、自らを見失ってしまうこともある。そして、その質がどうであれ仮想的な人間同士の連帯は今では多くの人間が有していると考えられる。

(3) コミュニティの連帯をつくりだす美学

ここまで近代化と文明化がもたらしたコミュニティの連帯の特徴を述べてきた。前章でも示したとおり、人間は貨幣に依存して生きる社会を築いている。貨幣を得ることは生きる目的に直結するものである。だから貨幣を得るための労働もまた即座に手放してよいものではない。営利組織の理念と目的を共有し、自分の心が企業のミッションに同意するなら協働するのは必要である。だが、コミュニティと関わる動機を自覚することは重要なことである。なぜなら、われわれの生きる風景には消費を誘因する広告で溢れているといってよい。広告や宣伝に煽られ、思慮深くないと消費の欲求は無限に湧き起こるのが人間ではないだろうか。この誘因に惑い消費するだけの労働は、他者に惑わされ身を滅ぼす行為になりうる。自分の生命の軸を見失う労働は、ただ消費と労働の生命の過程を繰り返すだけで、人間の本質的な結びつきとは言えないばかりか、生命の健全性が失われている。

われわれの生命の本質はどこにあるのか。この問いは、これらのコミュニティの連帯がどうあるべきかという問いに答えることである。機能や目的を共有するだけのコミュニティや、生命を維持するためのコミュニティ、機械の発達が提供する「人間のシンボルという幻想」でつながる空虚なコミュニティなど、こうした多様ないくつかのコミュニティのなかで結ばれて生きているのが現状である。

第三章では美観地区の伝統的家屋の美しさについて説明してきた。この伝統的家屋の美しさと人間の関係性は、人間の本質性と生命の健全性という点で示唆的であるまいか。

「用の美」の概念は風土と折合いをつけ、風土から経験的に感得した技巧という労働を人間の美意識として表現した労働成果物である。柳宗悦も述べているように、用とは実用である。暮らしに即した美しさという意味である。暮らしに即したというのは、その地域の風土が暮らしを規定するから、地域の風土性が示されている。自然と交わり、時に自然災害と折合いをつける労働がつくる美は、自分が自然の一員であることを表現することでもある。

都会のビルのなかには、自然が恣意的におかれているものもあるが、本当の意味で自然そのままではない。だから都会の労働には風土性が表われにくいことがある。都市化が進むほどに、大規模商業施設が増えて店舗が入れ替わる。地域の商店や住む人が頻回に入れ替わるということは、それだけ地域の歴史性も分断される行為を繰り返しているといえるのだ。

第四章で自然との交わりは、思考の働きを用いる傾向を和らげてくれることも説明してきた。自然と人間の新陳代謝の過程には、人間自身の思考と生命の文脈が労働成果物に表現される。これは、人間と自然の協創という意味で健全な美学を培うのだと考えられる。

こうした自然と人間の生命性、つまり身体性によってつくられた労働は、その人間とコミュニティという協創によって他にはない独創性を生むのである。これが、人間にとって自分の美学になる。

人間が生まれてから必然的に表わる風土は、出生とともに人間の美の思想を醸成する。朝もや、遠方にのぞく山脈、小鳥の声、澄んだ空気、舞い降り掌に溶ける雪、言葉にできず記憶から忘れ去られたように感じていても、身体性が歴史をたどり記憶している。

こうして日々培われる美意識は、人間固有の美学として、人間の独創的な労働をつくる。その美学は言葉や思考、身体の動き、ふるまい、人間の随所に表現されるようになるのだ。われわれはこうした人間の生命の表現を繰り返している。その表現に共感した他者が集まり、互いが共感しあう時空間が生まれる。いくつもの共感が連帯を生み出し、最初は一人の人間の美学だったものが、共感しあうもの同士の美学になる。それがやがてコミュニティとしての独創的な労働をもつくりだすことができる。こうしてコミュニティは表出しては消えゆく存在である。

われわれが美学という自分の軸をつくること。それに共感しあう他者によってコミュニティはつくれること。コミュニティの新陳代謝によって姿形が変容していっても、本質的な連帯は失われないだろう。それは、本書で聞きとりを行なった美観地区の人間に通底して流れている美の思想のように。

3　コミュニティの歴史的文脈――人間とコミュニティの生命の歴史

コミュニティの歴史性という点では、倉敷市の美観地区のように法や条例で保全された地域もある。一方で、コンクリートのビルや大資本による世界規模での営利活動は、コミュニティの歴史性を分断する過程だったのではないかと考えている。

たとえば、産業技術が発達し、人間の労働に機械が入り込んだ。それにともない、これまで生産と労働が同じプロセスだったが、労働の一部を機械に奪われたのだ。同じように情報技術が発達し、人間の労働は機械を操作することが増えた。これにより、労働者が削減されうる運命にあったのはいうまでもない。これから人工知能が発達し、おそらく今度は人間と機械が労働を奪い合うという現象をもたらすのではなかろうか。こうした技術の発展にともない、人間の労働にも生活にも機械が入り込む。人間が人間のためにつくりだした技術に逆に支配される本質性がある。

こうしたモノと情報が溢れた社会において、われわれが他者の本質を見抜き、情報と溢れかえる商品に振り回されないためには、自分の基準をもつことである。

ここでいう基準とは美意識の基準である。経済的にみて損か得か、他人が必要とするかどうか、という種類の基準ではない。これはつまり、何が自分の美意識であるのかについて自分が知っていることが前提にあるのだ。そしてそれは風土が人間の美意識を培っている。風土は、単なる風景ではない。そのコミュニティの歴史性と独自性を備えた人間の自己を了解する装置であるからだ。現象学的な風土を説いた和辻哲郎の風土の一文を引用する。

> 我々は風土において我々自身を見、その自己了解において我々自身の自由なる形成に向かったのである。しかも我々は寒さ暑さにおいて、あるいは暴風・洪水において、単に現在の我々の間において防ぐことをともにし働きをともにするというだけではない。我々は先祖以来の永い間の了解の堆積を我々のものとしているのである。家屋の様式は家を作る仕方の固定したものであると言われる。その仕方は風土とかかわりなしに成立するものではない。（和辻、1935）[63]

和辻の風土を参考にすると、あの美観地区の美しさは風土が培ったものである。当時の人間と自然の協創によって、生れた用の美は美意識の表現である。

それは世代を超えて、多くの人間に受容され保全という形で継承されてきた。この家屋に触れるとき、われわれが、ほっと落ち着く気持ちになるのはこの地域のもつ精神性に触れ、先祖との連帯を了解できるからではないだろうか。口述史で語ったAさんが、今は会うことのない人間に払う敬意は風土が結んだ先祖との連帯といえないだろうか。

こうした美意識は、都市のコンクリートの建物には備わらない。文明が発達して生活の機械化が進行しているからこそ、われわれは伝統的な人間が備えていた美意識を肌で経験する機会、口承で歴史の物語を知る経験が必要ではないだろうか。そうした経験は人間の物ごとに対する視座を拡げて、人間個人の歴史性を充実させる。こうした経験も含めて、人間の生命の歴史が自分の美意識をつくるのである。

その美意識を感じとる他者が最初は不在であったとしても、人間が自分の美意識を醸成することで自然とそれは表現され、必ず共感するものは表われるものだ。事例の美観地区の口述にもあったように、人間の美の思想、美学は永遠に継承されうる可能性をもっている。家屋は老朽化するので、少しずつ変化するものの、歴史的家屋に内在される美学は後世に伝えられている。

先述してきたように美の思想は、人間が一瞬で生み出す思想ではない。その人間が関係するあらゆる他者、成長ともに研摩された感性と熟考、異文化的な価値と手を結ぶ経験、その人間の生命の歴史が培うものである。

こうした経験が、あるとき人間に美の思想をみせてくれる。それを他者に経験される一つの機会が語りである。自分の歴史とそれに基づく美学の表現としての口述が、同じようで違う歴史を有する他者との共感をもたらすのである。

さらにそれは、倉敷市美観地区の住民が大原家の思想に共感したように、複数の人間が同じ歴史のプロセスを共有することで、コミュニティの歴史性を培うことにもある。この共感は、文化の保全という活動を生み出し、遠方からも人を呼び寄せ、コミュニティにおける人間にとって共通に受け入れられる経験となる。こうした経験の共有がコミュニティの歴史性として人間同士を結びつける連帯になると考えられる。すなわち、人間とコミュニティの美学の共感によってつくられたコミュニティであるのだ。

おわりに　コミュニティとは何か――現在から未来

人間にとって、これからのコミュニティとは何か。ここまでの検討を経て、次のような考えをまとめるに至った。

「人間の美学に共感しあう類的存在過程がコミュニティである」

もともと共同体は生きるため地縁を基礎におき、他者と連帯した暮らしの作法であった。産業社会化にともない共同体（農漁村部村落共同体）が、労働力を供給する場とされ、村落共同体は解体されていった。こうして村落共同体から多くの人々が労働者として都市に移動し、モノのない時代から物質的な豊かさを手にしようと営利企業へ属するようになっていった。

日本では、明治以降、近代化とともに、古い（封建的）村落共同体からあぶれた二男、三男などがその村落共同体を離れ、あるものは軍隊へ、またあるものは工場労働者として都市に流入していった。

また、わが国では、日本的経営の労使関係といわれる終身雇用制、年功序列賃金、企業別組合があり、労働者とその家族の生活を保障するものであり、それが安定した労働力の供給を果たすことになった。

ところが一九九〇年代に、従来の経済発達が見込めなくなり、われわれは路頭に迷うようになった。若い世代は、雇用先を見つけるのに苦労し、中壮年期の人間は経営の都合でリストラされることも普通になっていた。地域社会では、高齢者の孤独死や家庭内の暴力、不登校、嗜癖といった複雑な社会の病像が浮かび上がってきた。

終戦以降に整備され、整えられた日本社会の諸制度の運営、そして持続が危うくなっている現実がある。それゆえ行政の視点でみても、個人の視点でみてもコミュニティに注目が集まった。ソーシャルキャピタルとともに、世の中から大きな期待が寄せられていることも理解できる。だが、われわれは本質的な意味でコミュニティに社会の課題の解決だけを求めているのではない。物質的な欲求の充足や生活基盤を求めているばかりではないだろうと考えている。

もちろん、今、住まいや雇用に困難を抱えている人は、一時的に生きるために支援としてのコミュニティを求めるのは理解ができる。またセーフティネットとしてのコミュニティという考え方も理解できる。いずれも機能面のコミュニティに関する人間の必要性が生じることはある。だが、そればかりでもないだろう。

われわれは自分でいくらでも場所を問わずにコミュニティをつくれるようになった。われわれの生活世界は、制度とモノに溢れ、テクノロジーで誰とでもつながれる。何かやろうと思ったら何でもできる時代である。だが本質的な意味で、われわれは仕事仲間や趣味でつながる話し相手を求めているのでもないと思っている。

ここまで検討を続けてきて、もっと人間存在それ自体に関する意味をコミュニティに見出そうとしているのではないかと考えるようになった。われわれは物質的に充足された社会であるゆえに、自分の存在に対する信頼を失っているのかも知れないと考えられた。その信頼はリアリティ、真実性というものともいえるだろう。

貨幣の交換機能は確かに便利ではある。だが、いまの社会の仕組みのもと、貨幣で人間を支える以外の選択が多くの人間にとって難しくなっている。そのうえ貨幣を得るために自分の生命がおびやかされたり、自分のモラルを失ったり、時に家族との関係性よりも労働が大事なものと思えなくなるのは、人間が資本という他者に労働の主体を渡してしまった結果であると考えている。

だから、われわれは労働の美学を見つけることから始める必要がある。すぐに他者に享受されず、すぐに商品に結びつかなくても、美学を育む過程それ自体が労働の喜びに結びつくのだ。そして、自分を理解していることで、美学と共感する営利組織と協働する機会も生まれやすくなるだろう。

人間がコミュニティと共通項を見出す。共通項で結ばれた複数の関係性を通して、自分の生命の過程を展開する時空間としてコミュニティを理解してきた。そして複数のコミュニティとの関係のなかで人間が生きるというのは重要であると説明してきた。営利組織と協働する場合や生活を共有する、趣味や事業を目的とした場合の関係とその種類は多岐にわたる。いずれにしても、複数の関係性で人間を支えることで、たとえ一つのコミュニティが消失してもその他の関係性によって人間を支えることができると考えるためである。

倉敷市美観地区住民のインタビューから見えてきた通り、先人の美学が現在の住民によって語られることが理解できた。語られる前には知りえなかったコミュニティと住民の歴史性が物語られていた。伝統的家屋は、単なる景観ではない、単なる観光地ではない。伝統的家屋には、瀬戸内海の浅瀬に人間が入植し、あらゆる災害を免れ、コミュニティという風土とともに生きてきた人間の歴史が込められている。

こうした歴史性を背負った風土によって醸成される美の思想が、これからのコミュニティの創造に求められる。資本主義経済の思想から派生するあらゆる経済の展開や消費の誘因に惑わされることが少なくなるだろう。資本主義経済から生まれる思想に自らを染めてしまうのではなく、自分の美学を培うこと、そうした価値観をもち諸活動とも協働しながら、人間の美学と他者の美学は共感しあい、更なる新しいコミュニティを永遠につくり続けることができる。

だから筆者は先人の美意識に注目したのかもしれない。自分の美学には、他人の物差しが入らないものである。本書における人間の美学は、美学者に教えられたものではなく、芸術家の美の思想でもない。等身大の人間の歴史性が培うものであった。それは他者性と経験を踏みながら人間が風土とともに人間の美意識を表現することであった。科学技術に依存した労働の美意識とは真逆であり、自分自身の労働の歴史、生命の歴史によってつくられた美意識の表現である。人間が美学を育むことは、自分の歴史への受容からはじまる。自分が知らない自分の歴史性は、他者への表現することができない。人間の歴史の受容と表現。これは自分の存在への信頼と真実性、すなわち生きているリアリティが前提にあるものだ。

近現代の人間がコミュニティに求めているのは、こうした人間の存在に対する共感ではないだろうか。本書でいう人間の存在とは、歴史性と風土性を指している。共感は人間が風土とともに生み出した表現としての自己を他者とともに了解する行為である。

美学に共感されつくられるコミュニティは、人間の歴史性と風土性を他者と自分が受容することである。自分が美意識を表現することで、他者に受容されうる。自分の存在が他者に受容されることで他者に共感されうるのだ。この美意識への共感は、人間の歴史性と風土性を他者の歴史性と風土性によって経験されることである。

このことは、人間が生きているリアリティを与えてくれる。なぜなら美学は表面的なものではなく、人間の歴史の文脈が反映された美の思想であるからだ。その美の思想は人間の生命の物語であるから。生命の物語は人間の生きてきた証である。

モノに溢れた現代、われわれが本質的に求めるものは、結局モノだけではない。人間が求めるモノや人は本物をカムフラージュしている。人間がモノや人やコミュニティを求めるのは、存在することの自己了解にあるのだ。その存在の自己了解の真実性を経験できる一つとして本書の試みが、人間の美学で結ばれたコミュニティの創造論であった。

あとがき

思い返してみると、私は生まれると同時に家族と風景に守られてきた。

この時期に知らずと経験した、生まれて初めての風景は私の生命の行方を決定づけていたのかもしれない。

この風景によって私の思惟は培われている。

ここを飛び出して外の世界に触れるとき、見出すことができる美意識はおそらく幼少の心の風景と重なっている。

都会のなかの風景にも。静岡の自然にも。美を見つけることができるのは、生まれたとき、私を包みこんでいた風景と重なっているからだ。

本書を書き終えたとき、なぜか自由を手にした気持ちになっていた。

自由とは何か。また次の主題が表われてくる。
これからも、私の生命の歴史とともに訪れる主題を書き続けてゆきたい。

二〇一八年　春

本書は、「地域社会の連帯とは何か—倉敷市住民の口述史からの一考察—」『Social Design Review Vol6（二〇一四年）および「風土とコミュニティの関係論」『目白大学人文学研究第11号（二〇一五年）の二つの研究結果が基礎になっている。この内容をさらに発展させ、大幅な加筆を行ない、書籍として刊行するに至った。刊行にあたり、多くの方々のご協力とご支援をいただきました。

まず、インタビューにご協力をいただいた倉敷市住民の皆さまに心よりお礼を申し上げます。既存資料の収集に際しては、倉敷市総務局総務部総務課山本太郎氏をはじめ倉敷市役所の方々へご協力をいただいたことに対して厚くお礼を申し上げます。

本研究について、哲学者の内山節先生および近畿大学講師の梅原宏司先生にご指導をいただきましたこと、心より感謝を申し上げます。

また、日頃よりご指導とご支援をいただいている静岡県立大学教職員の皆さま、心より感謝を申し上げます。友人・家族にも応援していただきお礼をお伝えします。

最後に、本書が完成するまでの間、多大なご尽力をいただいた時潮社編集部の阿部進様へ心より感謝を申し上げます。

張った人々、あるいは喧嘩・強論・非道・厭世・乱暴の代名詞」といわれているが、「倉舗」者の一部から派生した「封建的な束縛から離脱して民権の伸張や近代産業の移植に寄与した」人々を指している。「倉子城」は「文化人の間で好まれた倉敷の雅称」である。そして、「暗式」者とは、「全国的にも注目を集める人々とは対極」にある、「因循姑息な面」をもつ性質を指していると示している（金井利之ほか（2013）「倉敷市「美観地区」の文化と伝承」『自治総研』33（4） 5頁

62　昭和43年に倉敷市伝統美観保存条例、昭和53年に倉敷市伝統的建造物群保存地区保存条例、平成12年には倉敷市美観地区景観条例を制定。

63　和辻哲郎（1935）『風土　人間学的考察』岩波文庫、17頁

社会運動家。共産主義社会に理想を掲げた。才能は早熟で若くして『経済学哲学草稿』を執筆。労働疎外の問題を指摘し取り組む。その後『経済学批判』『資本論』を執筆し、資本主義を批判的に考察した。

56　カール・マルクス／今村仁司・三島憲一・鈴木直（2005）263-264頁『マルクス・コレクションⅣ資本論第一巻（上）』（原著“Karl Marx-Frienrich Engels WERKE, Band23, Dietz Verlag, Berlin, 1962.”を底辺にDas Kapital, Bd.I, 1953を参照された）

57　労働疎外について、拙書『3・11後の労働のデザイン—労働と表現の関係性を探る—』双風舎（2014）を参照されたい。

58　柳宗悦（2006）69頁『民藝《みんげい》とは何《なに》か』講談社（原本は、1941年6月、昭和書房より刊行）

59　カール・マルクス／今村仁司・三島憲一・鈴木直（2005）264頁『マルクス・コレクションⅣ資本論第一巻（上）』（原著“Karl Marx-Frienrich Engels WERKE, Band23, Dietz Verlag, Berlin, 1962.”を底辺にDas Kapital, Bd.I, 1953を参照された）

60　金井利之ほか（2013）「倉敷市「美観地区」の文化と伝承」『自治総研』33（4）5-7頁

61　その他行政の町並み保存に関して特筆すべき点として、1968年に倉敷市伝統美観保存条例が制定されたことに端を発している。但し、その背景には、「クラシキ者」と呼ばれる有力町人の存在が重要であったという。倉敷市市教育委員会が作成した冊子を解説しながら金井らは次のように説明している。「クラシキ者」とは、「倉舗」・「倉敷」・「倉子城」・「暗式」という4つのあて字がある。まず、「倉舗」者とは、近代から明治前半まで「近世期の倉敷をそのままひきずったような」集団である。次に、「倉敷」者とは、もともとは「徳川の俗に言う天領を笠にきて、大いに威

49　カール・マルクス／今村仁司・三島憲一・鈴木直（2005）218頁『マルクス・コレクションⅣ資本論第一巻（上）』（原著“Karl Marx-Frienrich Engels WERKE, Band23, Dietz Verlag, Berlin, 1962.”を底辺にDas Kapital, Bd.I, 1953を参照された）
50　戎野淑子（2013）「高度経済成長期における労使関係—日本的労使関係」『日本労働研究雑誌』No.634、64-77頁
51　カール・マルクス／今村仁司・三島憲一・鈴木直（2005）252頁『マルクス・コレクションⅣ資本論第一巻（上）』（原著“Karl Marx-Frienrich Engels WERKE, Band23, Dietz Verlag, Berlin, 1962.”を底辺にDas Kapital, Bd.I, 1953を参照された）
52　金井利之／嶋田暁文／光元伸江／今村都南雄（2013）「倉敷市「美観地区」の文化と伝承」『自治総研』33（4）
53　倉敷市は、徳川幕府の直轄地として「天領」となったことが原型にある。天領の自由な雰囲気、税負担の軽さが周辺から承認を呼び寄せていた。そのなかで綿や干鰯の仲買で財を成して倉敷に移住してきた人々を「新緑派」と呼ぶ。村役人や地主といった「古緑派」との勢力争いを演じ、江戸時代後期にはほぼ勝利を収めた。この「新緑派」の代表格が「児島屋」に由来がある大原家である（金井利之他、2013「倉敷市『美観地区』の文化と伝承」『自治総研』33（4）～48頁）
54　金井利之／嶋田暁文／光元伸江／今村都南雄（2013）「倉敷市「美観地区」の文化と伝承」『自治総研』33（4）31頁
55　Karl Heinrich Marx（1818～1883）ドイツの哲学・経済学者。法律家の父をもつユダヤ人家庭に生まれた。経済学・労働理論において最も影響を与えた人物の一人。1836年、ボン大学を経てベルリン大学に移った際にヘーゲル哲学へと傾倒。その後フォイエルバッハの「人間の自己疎外」の克服を目指す思想に共感した。

42　佐藤瑠美（2014）『地域社会の連帯とは何か―倉敷市住民の口述史からの一考察―』「Social Design Review」Vol. 6 では、研究地における地域社会の連帯の概念を記述的に明らかにするのを目的にインタビュー調査を実施した。「地域と生活の歴史」および「地域観」を質問の柱として踏まえ、江戸期の歴史的家屋が残存する倉敷市美観地区に在住する65歳以上の方 5 名を対象にとした。

43　吉原睦（2011）『岡山文庫273倉敷美観地区―歴史と民族―』日本文教出版株式会社

44　倉敷市は、岡山県の南に位置しており、市域面積は354.7㎢。昭和43年に倉敷市伝統美観保存条例、昭和53年に倉敷市伝統的建造物群保存地区保存条例、平成12年には倉敷市美観地区景観条例を制定。面積は21.0ha（倉敷市ホームページより）。

45　倉敷市史研究会編（1996）『新修倉敷』（第八巻）山陽新聞社、307頁

46　カール・マルクス／今村仁司・三島憲一・鈴木直（2005）266頁『マルクス・コレクションⅣ資本論第一巻（上）』（原著“Karl Marx-Frienrich Engels WERKE, Band23, Dietz Verlag, Berlin, 1962.”を底辺にDas Kapital, Bd.I, 1953を参照された）

47　カール・マルクス／今村仁司・三島憲一・鈴木直（2005）64頁『マルクス・コレクションⅣ資本論第一巻（上）』（原著“Karl Marx-Frienrich Engels WERKE, Band23, Dietz Verlag, Berlin, 1962.”を底辺にDas Kapital, Bd.I, 1953を参照された）

48　カール・マルクス／今村仁司・三島憲一・鈴木直（2005）132頁『マルクス・コレクションⅣ資本論第一巻（上）』（原著“Karl Marx-Frienrich Engels WERKE, Band23, Dietz Verlag, Berlin, 1962.”を底辺にDas Kapital, Bd.I, 1953を参照された）

ション』岩波書店、16頁（原著“GLOBALIZATION：A Very Short Introduction, 2009”

33　Manfred B.Steger（2010）『１冊でわかる 新版グローバリゼーション』岩波書店、16-19頁（原著“GLOBALIZATION：A Very Short Introduction, 2009”

34　Manfred B.Steger（2010）『１冊でわかる 新版グローバリゼーション』岩波書店、20頁（原著“GLOBALIZATION：A Very Short Introduction, 2009”

35　広井良典（2014）『「公-共-私」をめぐる進化と「グローバル化の先のローカル化」』「公共研究」第10巻、第１号、29-39頁

36　橋本行史（2009）『行政の役割と協働のパートナーとしてのコミュニティ』「現代社会研究科論集」（３）53-68頁

37　田中人（2016）『コミュニティ観の今日的位相―多主体的協働秩序としてのコミュニケーション的共同性―』「愛知学泉大学現代マネジメント学部紀要」４（２）、１-９頁

38　武貞稔彦（2014）『「国際社会に「公共政策」は成立するか」と問うことの現代的意味について』公共政策志林（２）21-27頁

39　田中人（2016）『コミュニティ観の今日的位相―多主体的協働秩序としてのコミュニケーション的共同性―』「愛知学泉大学現代マネジメント学部紀要」４（２）、１-９頁

40　網野善彦（2005）49-56頁『日本の歴史を読み直す（全）』筑摩書房

41　R.M.Maclver（2009）176頁『コミュニティ―社会学的研究：社会生活の性質と基本法則に関する一試論―』ミネルヴァ書房（原著“COMMUNITY A Sociological Study; Being an Attempt to Set Out the Nature and Fundamental Laws of Social Life” 1917）

ら』農山漁村文化協会

26　内山節（2010）99頁『共同体の基礎理論　自然と人間の基層から』農山漁村文化協会

また共同体論における人間と自然との関係性について、内山は共同体論の古典である大塚久雄が、日本の文明の発展度が低いために、人間が自然に緊縛され、隷属している、と考えたという。それに対して、日本の自然・人間観を引き出し、それに従うのなら、同じ時空で人間と自然が共存してきたことは、強い結びつきをもっているが、隷属しているとは解釈できないと内山は反論している（内山節（2010）41頁『共同体の基礎理論　自然と人間の基層から』農山漁村文化協会）

27　1969年、国民生活審議会コミュニティ問題小委員会が作成した「コミュニティ―生活の場における人間性の回復―」（157頁）では、地域共同体が崩壊し「近隣にわずらわされない個人中心のマイホーム的な生活が一般化している。このような生活は、過去の地域的な束縛からの解放を意味する」と記載されている。

28　内山節（2010）18頁『共同体の基礎理論　自然と人間の基層から』農山漁村文化協会

29　国民生活審議会コミュニティ問題小委員会（1969）161-162頁「コミュニティ―生活の場における人間性の回復―」

30　Manfred B.Steger（2010）『1冊でわかる 新版グローバリゼーション』岩波書店、12頁（原著“GLOBALIZATION：A Very Short Introduction, 2009”

31　Manfred B.Steger（2010）『1冊でわかる 新版グローバリゼーション』岩波書店、14頁（原著“GLOBALIZATION：A Very Short Introduction, 2009”

32　Manfred B.Steger（2010）『1冊でわかる 新版グローバリゼー

から宋の貨幣が流入するようになった（網野善彦（2005）49-52頁『日本の歴史を読み直す（全)』筑摩書房）

19　平安貴族の記録に虹が立つと必ずそこに市を立てなくてはならないと記録され、それは室町時代にも慣習が残っているという。虹があの世とこの世、神の世界と俗界のかけ橋なので交易をおこない、神を喜ばさないといけない観念があるという勝俣の説に同意している。（網野善彦（2005）57-58頁『日本の歴史を読み直す（全)』筑摩書房）

20　網野善彦（2005）59頁『日本の歴史を読み直す（全)』筑摩書房

21　網野善彦（2005）59頁『日本の歴史を読み直す（全)』筑摩書房

22　中世の商工業者、金融業者、芸能民は神仏、天皇の直属民という地位をもっていた（網野善彦（2005）62-63頁『日本の歴史を読み直す（全)』筑摩書房）

23　網野善彦（2005）73-74頁『日本の歴史を読み直す（全)』筑摩書房

24　内山節（2010）31頁『共同体の基礎理論　自然と人間の基層から』農山漁村文化協会
内山はまた、この国家と人民の関係をつくりだすために神仏分離令が行われ、それを寺の破壊と理解した人々が暴走したと指摘する。明治期以前の農村共同体が強固であったのは、民衆の共有する精神世界によって結束されていた。民衆は、日本の伝統的共同体の特色である生と死の統合された世界と、自然と共振する人間の世界を見ていたからである。それゆえ神仏分離令は共同体の結束を壊すための政策であったと記述されている（内山節（2010）140頁『共同体の基礎理論　自然と人間の基層から』農山漁村文化協会）

25　内山節（2010）32頁『共同体の基礎理論　自然と人間の基層か

8　新村出編（2012）『広辞苑第六版』1055頁

9　廣末渉ら編（2015）『岩波 哲学・思想辞典』346頁

10　R.M.Maclver（2009）『コミュニティ―社会学的研究：社会生活の性質と基本法則に関する一試論―』ミネルヴァ書房（原著“COMMUNITY A Sociological Study; Being an Attempt to Set Out the Nature and Fundamental Laws of Social Life”1917）

11　前掲載、46頁

12　前掲載、46-47頁

13　前掲載、47頁

14　Ferdinand Tönnies（1957）34-35頁『ゲマインシャフトとゲゼルシャフト』岩波書店（原著“Gemeinschaft und Gesell-schaft: Grumdbegriffe der Soziologie”1887）

15　Ferdinand Tönnies（1957）164頁『ゲマインシャフトとゲゼルシャフト』岩波書店（原著“Gemeinschaft und Gesell-schaft: Grumdbegriffe der Soziologie”1887）
テンニエスは、人間の本質意思が、実在的・自然的な統一として理解される。他方で選択意思は、観念的・人為的な統一として理解されると示している。

16　網野善彦（2005）15-19頁『日本の歴史を読み直す（全）』筑摩書房

17　網野善彦（2005）40頁『日本の歴史を読み直す（全）』筑摩書房

18　日本で金属貨幣が鋳造されるのは八世紀はじめの和同開珎である。この頃、支払い手段と流通手段として和同開珎が用いられたが、呪術的な意味をもって用いられることもあった。しかし本格的に貨幣が流通されてはおらず主な交換手段は絹や米であった。ところが十二世紀後半から十三世紀にかけて、本格的に中国、宋

【注】

1　廣松渉ら（1988）『岩波 哲学・思想辞典』岩波書店
和辻哲郎の『風土』について、本書では対象化された環境に対して人間の自己了解の契機としての現象学的に捉えられている点が、本書において有効な視点と考え採用している。

2　和辻哲郎（1935）『風土　人間学的考察』岩波文庫、3頁

3　和辻哲郎（1935）『風土　人間学的考察』岩波文庫、3頁

4　Augustin Berque（2005）「風景と持続性のつながりとしての風土性」『ランドスケープ研究』69-2, 122-125頁

5　Edmund Husserl（1859－1938）ドイツの哲学者。本質は主観（私）と主観（他者）の間にあるという「間主観性」の概念で物事を捉えようとした現象学の創始者。この思想は実存思想、身体論、存在論などの後継の哲学者に影響を与えた。主著に『論理学研究』（1901年）等。

6　Martin Haidegger（1889-1976）ドイツの哲学者。フライブルク大学で、フッサールの現象学やヨーロッパにおける実存主義の思想に影響を受けている。存在論を主とした『時間と存在』（1927年）が主著である。日本の哲学者和辻哲郎を含む、後世の哲学に大きな影響を与えた。

7　Maurice merleau-Ponty（1908〜1961）フランスの哲学者。フランス高等師範学校在学中に実存哲学のサルトルら後の哲学者と交友がある。1931年より、高等中学校の哲学教授として教鞭をとる。1949年、パリ大学文学部教授。17世紀近代哲学と対立する立場と取り身体論に代表される現象学を発展させた。代表作には『意味と無意味』（1948）『眼と精神』（1963, 1964）『見えるものと見えないもの』（1963）など。

〈著者略歴〉

佐藤 瑠美（さとう・るみ）

1979年生まれ。立教大学大学院21世紀社会デザイン研究科比較組織ネットワーク学専攻博士課程前期課程修了。行政における保健師として勤務、目白大学助教を経て、2015年より静岡県立大学看護学部講師。主著に『3・11後の労働のデザイン―表現と労働の関係性を探る―』（双風舎）

新たなコミュニティの創造

グローバル化社会のなかで

2018年10月25日 第1版第1刷 定 価＝2500円＋税

著 者 佐 藤 瑠 美 ©

発行人 相 良 景 行

発行所 ㈲ 時 潮 社

174-0063 東京都板橋区前野町 4-62-15

電 話 (03) 5915-9046

FAX (03) 5970-4030

郵便振替 00190-7-741179 時潮社

URL http://www.jichosha.jp

E-mail kikaku@jichosha.jp

印刷・相良整版印刷 製本・武蔵製本

乱丁本・落丁本はお取り替えします。

ISBN978-4-7888-0727-3

時潮社の本

源流の集落の息づかい

岩手県住田町土倉をみつめて

大須眞治　著

Ａ５判・上製・232頁・定価2500円（税別）

通りすぎる車の音も一瞬の内に森の中に消え入ってしまうような深い森を背にして働き生活する人々の思いや悩みを、この農村集落の来し方・行方が見通せるのではないかという思いを込めて聞き取り調査をおこなった。

景観人類学

身体・政治・マテリアリティ

河合洋尚　編

Ａ５判・並製・374頁・定価3500円（税別）

景観の視覚化や身体化が内包する多層性を政治・社会・経済・音響などのアプローチから読み解く。それぞれの定量分析はもとよりインタビュー、歴史、認識と受容を通じて観光といった商品化を媒介に社会に埋め戻される過程も含め、人類学の枠組みを踏み出す新たな試みを詳述。

神が創った楽園

オセアニア／観光地の経験と文化

河合利光　著

Ａ５判・並製・234頁・定価3000円（税別）

南海の楽園は誰が創ったのか。南海の楽園は、西洋諸国による植民地化や外国の観光業者とメディアにより構築された幻想だろうか。本書は、観光地化やキリスト教化を通して変化したその「楽園」を、オセアニア、特にフィジーとその周辺に生きる人びとの経験と文化から考える。